AF488782

신 대 동 아 연 합

공정과 통합의 동북아시아

UNITED PAN ALTA

A Fair and Integrated Northeast Asia

신대동아연합

공정과 통합의 동북아시아

—◆—

UNITED PAN ALTA

A Fair and Integrated Northeast Asia

차경주

「공정의 건축학」의 저자

Kyoungjoo Cha

Author of The Architecture of Fairness

—◆—

Architecture Press LLC

뉴욕

2026

신대동아연합: 공정과 통합의 동북아시아
(United Pan Alta: A Fair and Integrated Northeast Asia)

© 2026 차경주 (Kyoungjoo Cha). 모든 권리 보유. 무단 복제 및 전재를 금합니다.

No part of this publication may be reproduced, stored in a retrieval system, or transmitted in any form or by any means — electronic, mechanical, photocopying, recording, or otherwise — without the prior written permission of the author, except for brief quotations in book reviews, scholarly works, or for educational or research purposes, provided that proper source attribution is given.

본서의 어떠한 부분도 저자의 사전 서면 허가 없이 전자적, 기계적, 복사, 녹음 또는 기타 어떠한 형식이나 수단으로도 복제, 검색 시스템에 보존 또는 송신하는 것을 금합니다. 단, 적절한 출처 표기가 있는 서평, 학술 저작물에서의 짧은 인용, 교육 또는 연구 목적의 인용은 예외로 합니다.

All translation, adaptation, and derivative rights are reserved by the author.
All diagrams, figures, and original conceptual frameworks are protected under copyright law.

번역, 번안 및 2차 저작물에 관한 모든 권리는 저자가 보유합니다. 본서에 수록된 모든 도표, 그림 및 독창적 개념 체계는 저작권법에 의해 보호됩니다.

This work may not be used for the training of artificial intelligence systems without explicit written permission from the author.

본서는 저자의 명시적인 서면 허가 없이 인공지능 시스템의 학습 목적으로 사용하는 것을 금합니다.

발행: Architecture Press LLC, 뉴욕
초판, 2026 년 (First Edition, 2026)
초쇄: 2026 년 6 월 (First Printing: June 2026)

ISBN: 979-8-9951139-3-5
Original English print edition LCCN: 2026905739

Published in the United States of America

—◆—

본 한국어판은 AI 보조 번역과 저자의 검토를 거쳐 제작되었습니다.
This Korean edition was produced with AI-assisted translation and author review.

—◆—

목 차

Table of Contents

—◆—

제 1 부 – 판 알타 세계의 정의

Part I – Defining the Pan Alta World

제 2 부 – 과거 통합의 실패 원인

Part II – Why Past Unifications Failed

제 3 부 – 동북아시아의 구조적 현실

Part III – Structural Reality of Northeast Asia

제 4 부 – 공정성, 부, 그리고 자유

Part IV – Fairness, Wealth, and Freedom

서 문

PREFACE

이 책을 쓰는 데 53 년이 걸렸다.

개념은 1973 년에 탄생했다.

지금 독자의 손에 들린 것이 그 결과물이다.

이 책은 의도적으로 간결하게 쓰였다. 포괄적인 역사서도 아니고, 정치
강령도 아니다.

이 책은 구조적 성찰이다.

이 책은 하나의 질문에서 시작되었다.

1970 년대 초, 대한민국은 강대국들의 주변부에 위치한 작고, 가난하며,
분단된 나라였고 군사 통치 아래 놓여 있었다. 젊은 학생으로서, 나는
긴박함과 확신을 가지고 민주화 운동에 적극적으로 참여한 사람들 중
하나였다.

그러나 그 투쟁과 함께, 또 다른 질문이 미해결인 채로 남아 있었다:

*분단되고 취약한 사회가 다가오는 새 천년에 의미 있게 참여하기
위해서는 어떤 방향을 취해야 하는가?*

그 질문은 저항만으로는 답할 수 없었다.

그 시절에는 정치적·종교적·이념적·철학적으로 많은 사상들이
탐구되었다. 활동가, 종교 지도자, 교수, 사상가들이 지침을 제시했다.

나는 역사가, 철학자, 사회 운동의 지도자들에게서 답을 구했다. 그러나 더 깊은 구조적 문제 — 분단과 역사에 의해 형성된 소국이 더 큰 시스템들이 지배하는 세계에서 번영과 자유를 동시에 확보할 수 있는가 — 를 다룬 사람은 없었다.

시간이 흐르면서, 하나의 결론이 선명하게 부상했다: 2천 년에 걸친 동북아시아 통합의 반복적 실패들은 하나의 근본 원인을 공유하고 있었다.

<h2 style="text-align:center">불공정성.</h2>

정복이든, 제국이든, 강압이든 — 모든 시도는 균형이 아닌 지배의 구조 위에 세워졌다. 실패한 이유는 야망이나 권력의 부족이 아니었다. 지배받는 민중은 상호성 없이 자신들을 착취하는 시스템에 지속적으로 참여할 수 없기 때문이었다.

불공정성(Unfairness)이 실패의 일관된 원인이었다면, 해답은 새로운 정치적 의지나 더 강한 동맹이 아니었다. 그것은 더 근본적인 것을 요구했다: 어떤 새로운 지역 체계의 토대에도 공정성이라는 구조적 설계가 내재되어야 한다는 것이다.

신대동아연합(United Pan Alta)은 그 깨달음에서 비롯되었다.

이 책은 정치 프로젝트나 통일 촉구로 시작되지 않았다. 구조적 방향을 찾는 탐색으로 시작되었다 — 서로 다른 규모, 역사, 역량을 가진 사회들이 공존하고, 협력하며, 자유롭게 남을 수 있는 방향. 개념은 1973년에 모습을 갖추었다. 동북아시아 지도 위에 처음으로 하나의 선으로 그려졌고, 학생들과 교수들과 함께 논의되었으며, 반대가 아닌 조용한 격려와 함께 맞이해졌다.

그 이후 수십 년 동안, 질문은 변하지 않았다.

오직 그것을 둘러싼 세계만이 변했다.

기존의 어떤 답도 충분하지 않을 때, 탐색 자체가 책임이 된다.

신대동아연합은 지역도 문명처럼 근원적인 지리적·역사적 구조에 의해 형성된다는 전제에서 출발한다. 구조가 현실과 어긋날 때 불안정이 뒤따른다. 구조가 다시 정합될 때 새로운 가능성이 나타난다.

이 책의 목적은 제한적이다.

그 목적은 오직 하나의 방향을 가리키는 데 있다 — 동북아시아가 시간이 흐르며 지배가 아닌 균형을 통해 결속성을 찾을 수 있음을 시사하는 작은 화살표로서.

그 방향이 공유된 미래가 될지는 다가올 세대들에게 달려 있다.

— ◆ —

이 책이 한국어로 출간되는 이유

이 한국어판은 한국어가 동북아시아의 공통어이기 때문에 마련된 것이 아니다.

그렇지 않다.

한국어판은 이 비전이 처음 형성된 지적·역사적 출발점과 직접 대화하기 위해 마련되었다. 한반도는 판 알타(Pan Alta) 세계의 중심적 결절점이며, 분단과 통합의 문제가 가장 선명하게 드러나는 장소이다. 따라서 한국어 독자는 이 비전의 의미와 한계를 가장 직접적으로 검토할 수 있는 독자 중 하나이다.

영어 원본은 울란바토르, 부산, 블라디보스토크, 도쿄, 심양에 걸친 다섯 노드의 독자들이 공유할 수 있는 개념 언어로 영어를 사용했다.

언어의 경계를 넘지 못하는 비전은 국경도 넘지 못한다.

그러나 개념은 하나의 언어에 머물러서는 안 된다. 그것은 영어를 거쳐 한국어로, 다시 다른 언어로 이동해야 한다. 비전이 특정 언어 안에 갇힐 때, 그것은 지역적 현실을 충분히 통과하지 못한다.

이 책의 사상은 어떤 단일 언어에도 속하지 않는다. 한국어로 제시되는 이유는, 이 비전이 가장 먼저 깊이 검토되어야 할 독자들에게 도달하기 위해서이다.

— ◆ —

현재와 미래의 디지털 세대에게

모든 세대는 자신이 설계하지 않은 세계를 물려받는다.

그러나 현재와 미래의 디지털 세대 (Digital Generation)는 이전 어떤 세대도 마주하지 못한 것을 물려받는다: 이미 구조적으로 연결된 세계 — 조약도, 제국도, 공유된 종교도 아닌 — 기술에 의해.

오늘날 서울의 젊은이와 도쿄의 젊은이는 만난 적이 없을 수 있다. 그러나 그들은 같은 게임을 하고, 같은 플랫폼을 사용하며, 같은 디지털 시장에서 구매하고, 같은 콘텐츠를 소비했다 — 동시에, 종종 그들 사이의 경계를 인식하지 못한 채로.

이것은 사소한 일이 아니다.

이전 세기들이 군대와 왕조를 동원해 시도했던 것을, 기술은 조용히, 허락 없이 시작되었다.

이 세대는 이 연결성을 요청하지 않았다. 그것은 그들 세계의 조건으로 주어졌다. 그들이 그것을 어떻게 다루는가 — 구조적 현실로 인식하고

의식적으로 행동하는가, 아니면 오락으로 취급하고 그 구조를
무시하는가 — 는 정부들이 서명하는 어떤 정치적 협정보다
동북아시아의 미래를 더 크게 결정할 것이다.

신대동아연합은 정부들을 위해 쓰이지 않았다.

그것은 현재 권력을 가진 정부들보다 오래 살아남을 사람들을 위해 —
그리고 언젠가, 아마도 깨닫지 못한 채로, 자신들이 어떤 지역에서 살고
있는지를 결정할 사람들을 위해 쓰였다.

가장 결정적인 결정들은 종종 결정으로 인식조차 되지 않는다.

이 책은 디지털 세대에게 자신들의 결정을 인식하도록 요청한다.

이 작업이 새 천년에 이 지역의 장기적 구조를 명확히 한다면, 그것은
자신의 역할을 다한 것이다.

—◆—

차경주
뉴욕, 2026

이 책을 읽는 방법

How to Read This Book

이 책은 동북아시아의 미래가 건설되기 전에 반드시 준비되어야 한다고 믿는 사람들을 위해 쓰였다.

이 책은 정치적 제안이 아니다.

예측도 아니다.

즉각적인 행동을 촉구하는 것도 아니다.

이 책은 문명적 안내서이다.

이 책이란 무엇인가 What This Book Is

이 책은 신대동아연합이라는 장기적 비전을 위한 청사진이다 — 동북아시아 통일을 향한 공정한 길 (Fair Path).

이 책은 다음을 위해 쓰였다:

국경을 초월한 공유된 개념 체계 (Shared Conceptual Framework)를 제공하고,

현재 세대와 다음 세대를 위한 지속적인 참고 텍스트로 기능하도록.

이 책은 다음과 같이 활용되도록 만들어졌다:

- 두 번 이상 읽힐 것
- 토론 중에 인용될 것
- 명확성이 필요할 때 다시 찾아볼 것

이 책은 독자들에게 동의를 요구하지 않는다.

이해를 요구한다.

이 책이 아닌 것 What This Book Is Not

이 책은 다음이 아니다:

- 선언문
- 이념
- 정치 강령
- 지정학적 전략
- 기존 국민 국가들에 대한 도전

이 책은 다음을 제안하지 않는다:

- 국경
- 기관
- 집행 메커니즘
- 일정표

긴급함에 의해 강요된 비전은 붕괴한다.

인내심을 가지고 준비된 비전은 지속된다.

이 책을 어떻게 사용하는가 How to Use This Book

각 장은 독립적으로 읽힐 수 있도록 쓰였다.

독자들은 어디서든 시작할 수 있다.

어떤 독자들은 순서대로 읽을 것이다.

또 다른 독자들은 특정 장들만 다시 찾아볼 것이다.

두 가지 방법 모두 유효하다.

핵심 아이디어들은 의도적으로 명확하고 반복적으로 진술되어, 다음이 가능하도록 했다:

- 인용
- 토론
- 미래 세대들의 재해석

이 책은 명령이 아니다.

나침반이다.

독자에게 To the Reader

미래에 대한 책임은 한 세대에게만 속하지 않는다.

이 책은 다음을 위해 쓰였다:

- 준비해야 하는 현재 세대
- 결정해야 하는 다음 세대

역사는 먼저 행동하는 사람들에게 보상하지 않는다.

가장 잘 준비한 사람들에게 보상한다.

디지털 세대를 위한 메모 A Note for the Digital Generation

디지털 시대의 독서

이 책은 종이로 읽히도록 쓰였다.

그러나 화면으로도 읽힐 것이다 — 단편적으로, 중단된 세션들에 걸쳐, 디지털 세계가 동시에 제공하는 모든 것과 함께 주의를 경쟁하는 기기들에서.

두 가지 모두 유효하다.

침묵과 순서 속에서만 읽힐 수 있는 책은 이미 그 도달 범위를 제한했다.

디지털 세대는 다르게 읽는다 — 깊이가 덜한 것이 아니라, 다른 리듬으로 읽는다. 그들은 출처들 사이를 이동한다. 단일 문장을 강조하고 공유한다. 몇 주 또는 몇 달 후에, 대화나 현재 사건에 의해 이전 아이디어가 갑자기 관련성을 얻을 때 특정 구절들로 돌아온다.

이 책은 그런 종류의 독서에서도 살아남도록 설계되었다.

각 장은 독립적으로 존재한다. 핵심 아이디어들은 명확하게 진술되고 의도적으로 반복된다 — 중복이 아니라, 순서대로 만나든 단독으로 만나든 그 의미를 유지하는 닻으로서.

안정적인 아이디어들은 연속적인 독서 없이도 일관성을 유지한다.

공유와 인용에 대하여

디지털 시대에, 책은 책장뿐만 아니라 사람들이 공유하기로 선택하는 구절들 속에서도 살아간다.

독자들은 이 책을 인용하도록 권장된다 — 대화에서, 게시물에서, 학술 저작물에서, 토론에서. 핵심 용어 해설집의 정의들은 맥락에서 벗어나 인용될 때도 정확하게 유지되도록 의도적으로 고정되어 있다. 이 책에서 공유된 문장은 그것이 속한 장 안에서와 마찬가지로 단독으로도 같은 의미를 가져야 한다.

정확하게 인용될 수 있는 것은 전체를 읽어야만 하는 것보다 더 멀리 여행할 수 있다.

이 책의 단 한 문장이 전체를 결코 읽지 않았을 누군가에게 도달한다면 — 그리고 그 문장이 구조적으로 건전하다면 — 그것은 자신의 목적을 다한 것이다.

빠른 세계에서 안정적인 정의가 중요한 이유

디지털 세계는 빠르게 움직인다. 의미는 변한다. 단어들은 이전 세대들이 가능하다고 생각한 것보다 더 빠르게 재사용되고, 희석되거나, 무기화된다.

이것이 바로 이 책이 고정된 정의들을 고집하는 이유이다.

같은 단어가 서로 다른 플랫폼에서 정반대의 의미를 가질 수 있는 환경에서, 공유된 개념 체계는 더 적은 가치가 아닌, 더 많은 가치를 갖게 된다. 이 책 앞부분의 핵심 용어 해설집은 학문적 형식주의가 아니다. 이는 오늘날 모든 중요한 아이디어를 둘러싸는 소음에 대한 구조적 방어이다.

의미는 안정적일 때, 대화가 가능해진다.

의미는 표류할 때, 오직 목소리의 크기만 남는다.

디지털 세대는 그 어떤 세대보다, 불안정한 언어의 비용을 잘 이해한다. 그들은 그 안에서 살아왔다. 이 책은 대안을 제시한다 — 느린 시대에 대한 향수가 아닌, 빠른 시대를 위해 구축된 의도적인 명확성의 설계.

— ◆ —

핵심 용어 해설집

Glossary of Core Terms

판 알타 (Pan Alta)

동북아시아 전반에 걸친 장기적인 지리적·역사적·구조적 상호작용에 의해 정의된 문명적 공간.

판 알타는 민족이 아니다. 국가도 아니다. 제국도 아니다.

그것은 수천 년에 걸친 대륙–바다 상호작용, 이주, 무역, 공존에 의해 형성된 공유된 현실을 묘사한다.

판 알타는 정체성이 아닌, 상호작용의 공간을 가리킨다.

신대동아연합 (United Pan Alta)

공정성, 자발적 조정, 세대를 초월한 준비에 기반한 동북아시아를 위한 장기적 문명적 비전.

신대동아연합은 정치적 통일, 영토 변경, 또는 제도적 권위를 제안하지 않는다.

신대동아연합은 통제를 위한 계획이 아닌, 공존을 위한 비전이다.

공정한 길 (Fair Path)

속도나 지배보다 정당성, 균형, 지속가능성을 우선시하는 비강제적이고 준비 기반의 지역 정합 접근법.

공정한 길은 다른 이들이 선택할 수 있는 것이지, 강요받는 것이 아니다.

공정성 (Fairness)

시스템들이 시간이 지남에 따라 안정적으로 유지되는 구조적 원칙.

공정성은 지배 없이 이익들의 균형을 맞추고, 복종 없이 협력을 가능하게 한다.

이는 안정성과 정당성에 선행한다.

공정성은 도덕적 선호가 아니다. 이는 시스템적 필요이다.

부 (Wealth)

다음을 포함하는 사회 또는 지역의 물질적 역량:

- 경제적 산출
- 기술적 역량
- 인프라
- 에너지 및 자원 안보

부는 선택을 가능하게 하지만 자유를 보장하지는 않는다.

부는 가능한 것을 확장하지, 정의로운 것을 확장하지 않는다.

자유 (Freedom)

다음을 포함하는 주권적 선택의 역량:

- 정치적 자기결정
- 문화적 연속성
- 존엄
- 자발적 참여

물질적 기반 없는 자유는 취약한 상태로 남는다.

자유는 물질적으로 지지될 때만 지속된다.

부와 자유 (Wealth and Freedom)

지속가능한 문명의 이중 토대.

하나를 다른 것의 희생으로 극대화하면 불안정이 생긴다.

장기적 시스템들은 둘 모두를 동시에 확장해야 한다.

문명들은 부나 자유의 부족으로 실패하는 것이 아니라,

그들 사이의 불균형으로 실패한다.

공유된 개념 체계 (Shared Conceptual Framework)

공유된 구어 또는 문어 없이도 국경을 초월한 이해를 가능하게 하는 안정된 정의와 참조 개념의 공통 집합.

이해는 공유된 의미들을 필요로 하지, 공유된 언어를 필요로 하지 않는다.

준비 (Preparation)

사회들이 구조적 변화를 시도하기 전에 지적·문화적·제도적 준비를 발전시키는 과정.

준비는 행동에 선행하며 오류의 비용을 줄인다.

역사는 야망보다 준비에 더 자주 보상한다.

통일 (Unity)

주권, 문화적 정체성, 또는 자발적 선택의 상실 없이 달성된 조정과 공존의 조건.

통일은 획일성을 요구하지 않는다.

통일은 다양성이 보존될 때 지속된다.

—◆—

주권 (Sovereignty)

민족 또는 국가가 독립적인 선택을 할 수 있는 권리와 역량.

판 알타 세계에서, 주권은 고립이 아닌 상호의존 속에서 작동한다.

주권은 현실을 부정할 때 약해진다.

비전 (Vision)

결과들을 지시하지 않고 준비를 안내하는 방향적 체계.

비전은 하나의 미래를 결정하는 대신 가능한 미래들의 범위를 확장한다.

비전은 미래를 명령하지 않는다. 그것을 위해 준비한다.

현재 세대와 다음 세대 (Current and Next Generation)

현재 세대는 준비에 책임이 있다.

다음 세대는 결정과 행동에 책임이 있다.

준비하는 사람들은 역사를 통제하지 않는다.

그러나 그들은 역사가 허용할 선택들을 형성한다.

—◆—

해설집 마무리 메모

이 해설집의 모든 용어들은 의도적으로 고정되어 있다.

그 의미는 이 책 전체에 걸쳐 변하지 않는다.

독자들에게 다음을 권장한다:

- 그것들을 인용하라
- 그것들을 토론하라
- 그것들의 적용을 재해석하라

— 그러나 그 정의 자체를 변경하지 말라.

공유된 미래는 안정적인 단어들을 필요로 한다.

—◆—

제 1 부

Part I

판 알타 세계의 정의

Defining the Pan Alta World

제 1 장 – 판 알타 세계

Chapter 1 – The Pan Alta World

문명적 정의 A Civilizational Definition

「판 알타」는 민족을 묘사하지 않는다.

국가를 묘사하지 않는다.

제국을 묘사하지 않는다.

판 알타는 문명적 공간을 묘사한다.

이는 혈통, 이념, 또는 정치적 권위가 아닌 지리, 역사, 그리고 장기적 상호작용에 의해 정의된다.

문명들은 정체성에 의해 창조되지 않는다.
지리와 시간에 의해 형성된다.

동북아시아의 대륙-해양 시스템 The Land–Sea System of Northeast Asia

동북아시아는 고립된 국가들의 모음이 아니다.

이는 대륙과 대양 사이의 반복적인 상호작용을 통해 형성된 하나의 대륙-해양 시스템이다.

이 책의 목적상, 동북아시아는 일관되게 다섯 개의 영토를 가리킨다: 일본, 한반도, 중국, 러시아, 그리고 몽골 (내몽골 및 외몽골 포함).

동시베리아와 몽골에서 중국 북부, 한반도, 그리고 일본 열도에 이르기까지, 지속적인 패턴이 나타난다:

- 이주와 정착
- 무역과 교환
- 갈등과 적응
- 공존과 균형

육지와 바다가 반복적으로 만나는 곳에, 역사가 축적된다.

이 상호작용은 현대 국경들보다 앞서며, 그것들에도 불구하고 지속된다.

대규모 경제 구역이 이미 존재한다 A Large Economic Zone Already Exists

정치적 정합에 관계없이, 동북아시아는 이미 다음으로 기능하고 있다:

- 대규모 경제 구역
- 공유된 물류 및 에너지 시스템
- 공통 안보 환경

이 상호 연결된 지역의 인구는 2 억 5 천만 명을 초과한다.

상호의존은 공유된 체계 없이 존재한다.

구조 없는 통합은 마찰을 만든다.
공정성 없는 구조는 저항을 만든다.

국가들보다 오래된 패턴들 Patterns Older Than States

국민 국가들은 역사적 관점에서 최근의 것이다.
판 알타 세계는 그렇지 않다.

기록된 역사 전체에 걸쳐, 이 지역은 다음에 의해 형성되어 왔다:

- 초원–숲 상호작용
- 대륙–해양 균형
- 통합과 분열의 순환

제국들은 흥하고 무너졌다.
국경들이 변했다.
지리는 남았다.

국가들은 지리보다 빠르게 변한다.
지리는 모든 국가보다 오래 살아남는다.

"판"이 중요한 이유 Why "Pan" Matters

"판"은 국가들 위를 의미하지 않는다.
국가들을 가로질러를 의미한다.

판 알타는 주권을 부정하지 않는다.
이는 이 지역의 어떤 주권도 고립 속에 존재하지 않는다는 것을
인식한다.

주권은 현실의 부정에 의해서가 아니라,

그것에 대한 적응에 의해 살아남는다.

왜 신대동아연합인가 Why United Pan Alta

동북아시아의 미래는 부와 자유를 얼마나 효과적으로 균형 잡는지에
의해 형성될 것이다.

부는 다음을 나타낸다:

- 경제적 역량
- 기술적 발전
- 물질적 안보

자유는 다음을 나타낸다:

- 주권
- 존엄
- 문화적 연속성
- 선택

역사는 일관된 패턴을 보여준다.

자유 없는 부는 지배를 낳는다.
부 없는 자유는 취약함을 낳는다.

신대동아연합은 이상으로서가 아닌, 구조적 해결책으로 제안된다.

현재 및 예측 가능한 조건들 하에서, 그것은 다음을 위한 가장 구조적으로 효율적인 비전이다:

- 중앙집권화 없이 공유된 부를 증가시키는 것
- 고립 없이 자유를 보존하는 것
- 획일성 없이 갈등을 줄이는 것

문명에서의 효율성은 속도가 아니라,
얼마나 적은 강압으로 얼마나 많은 가치가 창출되는지로 측정된다.

대륙적 규모와 해양적 복잡성의 지역에서, 단편화는:

- 비용을 중복시킨다
- 불안을 증폭시킨다
- 인적 잠재력을 낭비한다

공정하고 조율된 체계는 다음을 가능하게 한다:

- 주권 상실 없이 규모의 경제
- 복종 없이 협력
- 침체 없이 안정

가장 지속적인 시스템들은 동시에 부를 확장하면서 자유를 보호하는 것들이다.

신대동아연합은 결과들을 약속하지 않는다.
이는 조건들을 제공한다.

이는 미래를 결정하지 않는다.
이는 가능한 미래들의 범위를 확장한다.

좋은 비전은 역사를 명령하지 않는다.
이는 사람들이 역사를 형성할 수 있도록 준비시킨다.

마무리 닻 Closing Anchor

신대동아연합은 야망이 아닌 인식으로 시작한다.

다음의 인식:

- 공유된 공간
- 공유된 역사
- 공유된 미래 위험

동북아시아의 미래는 권력만으로 결정되지 않을 것이다,
그러나 그 민중들이 함께 준비하는 방법을 배우는지에 의해 결정될
것이다.

—◆—

제 2 부

Part II

과거 통합의 실패 원인

Why Past Unifications Failed

제 2 장 – 수천 년의 실패한 통합

Chapter 2 – Few Thousand Years of Failed Unification

반복되는 패턴 The Repeating Pattern

수천 년에 걸쳐, 동북아시아는 통합을 향한 반복적인 시도들을 경험해 왔다.

형태가 달랐다:

- 제국들
- 왕조들
- 군사 동맹들
- 이념적 블록들

규모와 지속 기간이 달랐다.

하나의 결과를 공유했다.

동북아시아에서 강제된 모든 통합은 결국 붕괴되었다.

권력에 의한 통합 Unification by Power

통일을 향한 대부분의 역사적 시도들은 권력을 먼저 의존했다:

- 군사적 정복
- 중앙집권적 권위
- 강요된 위계

이 시스템들은 빠르게 확장되었다.

잠시 안정화되었다.

불가피하게 쇠퇴했다.

권력은 공간을 보유할 수 있는 것보다 더 빠르게 조립할 수 있다.

문제는 야망이 아니었다.

문제는 구조였다.

구조적 결함 The Structural Flaw

권력 기반의 통합은 통제를 통일로 취급했기 때문에 실패했다.

통제는 다음을 필요로 한다:

- 강압
- 순응
- 차이의 억압

통일은 다음을 필요로 한다:

- 정당성
- 동의
- 수용

통제는 질서를 낳는다.
오직 정당성만이 통일을 낳는다.

정당성이 없는 곳에서, 저항이 축적되었다 — 조용히 또는 공개적으로 — 붕괴가 뒤따를 때까지.

중앙집권화와 그 한계 Centralization and Its Limits

중앙집권화된 시스템들은 효율성을 약속했다.
시간이 지나면서, 그것들은 취약함을 낳았다.

다음에 의해 정의된 지역에서:

- 광대한 지리
- 다양한 문화들
- 대륙과 해양의 상호작용

중앙집권화는 다음을 증가시켰다:

- 행정적 거리
- 자원의 잘못된 배분
- 시스템적 경직성

공간이 클수록, 중앙 통제의 비용이 높아진다.

영속성의 환상 The Illusion of Permanence

각각의 지배적 권력은 자신의 시스템이 최종적이라고 믿었다.

역사는 동의하지 않았다.

어떤 제국, 왕조, 또는 패권적 질서도 영속적임을 입증하지 못했다 — 도덕적 실패 때문이 아니라, 구조적 불일치 때문에.

구조적 한계를 무시하는 것은 지속을 영속성으로 착각하는 것이다.

일시적 안정은 반복적으로 역사적 해결책으로 잘못 읽혔다.

단편화는 실패의 원인이 아니었다 Fragmentation Was Not the Cause of Failure

단편화는 실패를 야기하지 않았다.

단편화는 그 결과였다.

중앙집권화된 시스템들이 정당성을 잃었을 때, 지역들은 다음으로
되돌아갔다:

- 지역적 자율성
- 지역 균형
- 방어적 분리

단편화는 붕괴를 따른다. 그것을 야기하지 않는다.

순환은 그 근본적인 논리가 변하지 않았기 때문에 반복되었다.

지리가 항상 자신을 재주장한 이유 Why Geography Always Reasserted Itself

동북아시아의 지리는 영구적인 지배에 저항한다.

- 초원과 숲은 이동성을 가능하게 한다
- 산들과 바다들은 투영을 제한한다
- 해양 접근은 권력을 분산시킨다

지리는 협상하지 않는다.
그것은 자신을 재주장한다.

이 현실들을 무시하려는 시도들은 단기적 질서와 장기적 불안정을 낳았다.

누락된 요소 The Missing Element

수세기에 걸쳐, 하나의 요소가 지속적으로 없었다: 공정성.

도덕적 열망으로서의 공정성이 아니라, 시스템 설계로서의 공정성.

시스템들은 다음을 했기 때문에 실패했다:

- 그들이 돌려준 것보다 더 많이 착취했다
- 정당성 없이 충성을 요구했다
- 비용을 분배하면서 이익을 중앙집중화했다

불공정한 시스템들은 확장할 수 있다.
그것들은 지속될 수 없다.

이 역사가 지금 중요한 이유 Why This History Matters Now

이 책은 비난을 할당하기 위해 역사를 다시 방문하지 않는다.

그것은 구조적 교훈을 추출하기 위해 그렇게 한다:

반복적으로 실패한 것은 다르게 반복되어서는 안 된다.

그것은 구조적으로 대체되어야 한다.

현대적 조건들은 역사적 한계들을 지우지 않는다.
그것들은 그 한계를 더욱 결정적으로 만든다.

마무리 닻 Closing Anchor

과거 통합의 실패는 통일이 불가능하다는 것을 의미하지 않는다.
그것은 강제된 통일이 지속 불가능하다는 것을 의미한다.

권력에 의해 강요된 통일은 붕괴한다.
공정성을 통해 준비된 통일은 지속될 수 있다.

신대동아연합은 역사가 반복적으로 실패했던 곳에서 시작한다 —
그것을 거부함으로써가 아니라, 그것의 구조로부터 배움으로써.

제 3 부

Part III

동북아시아의 구조적 현실

Structural Reality of Northeast Asia

제 3 장 – 동북아시아의 구조적 현실

Chapter 3 – The Structural Reality of Northeast Asia

영구적 중심이 없는 지역 A Region Without a Permanent Center

동북아시아는 결코 영구적인 권력의 중심을 유지한 적이 없다.

서로 다른 시기에, 영향력은 이동했다:

- 대륙 전반으로
- 반도를 향해
- 해양 영역으로

어떤 중심도 지속되지 않았다.

동북아시아에서, 권력은 순환한다.
그것은 정착하지 않는다.

이것은 우연이 아니다.
이는 구조적이다.

왜 어떤 패권도 지속되지 않는가 Why No Hegemon Endures

지역 패권 시도들은 지속적으로 동일한 한계들에 직면했다:

- 지리적 규모
- 문화적 다양성
- 대륙-해양 비대칭

패권은 다음을 필요로 했다:

- 통제 확장
- 행정적 도달 증가
- 지역적 자율성 억압

비용이 역량보다 빠르게 증가했다.

통제 비용은 확장의 이익보다 빠르게 증가한다.

대륙-해양 비대칭 Continental–Maritime Asymmetry

동북아시아는 내재적 불균형에 의해 형성된다:

- 한편에는 대륙의 깊이
- 다른 편에는 해양의 개방성

대륙 시스템들은 다음을 선호한다:

- 규모
- 중앙집권화
- 영토적 연속성

해양 시스템들은 다음을 선호한다:

- 유연성
- 분권화
- 외부 연결성

육지를 안정화하는 것은 바다를 불안정화한다.
바다를 강화하는 것은 육지에 저항한다.

어떤 단일 구조도 두 가지 모두를 무기한 지배할 수 없다.

구조적 제약으로서의 규모 Scale as a Structural Constraint

이 지역의 크기는 모든 결정을 증폭시킨다.

규모가 증가함에 따라:

- 조정 비용이 증가한다
- 오류들이 더 빠르게 전파된다

- 경직성이 위험해진다

중앙집권화된 시스템들은 처음에 효율적으로 보인다.
시간이 지나면서, 적응성을 잃는다.

규모는 조정에 보상하지만,
경직성을 처벌한다.

다양성은 약점이 아니다 Diversity Is Not a Weakness

동북아시아는 다음을 포함한다:

- 다수의 언어들
- 구별되는 역사들
- 다양한 정치 시스템들

이 다양성은 종종 통일에 대한 장애물로 취급되어 왔다.

구조적으로, 그것은 제약이지만 — 동시에 안정화제이기도 한다.

획일성은 통제를 가속화한다.
다양성은 회복력을 보존한다.

차이를 수용하지 못하는 시스템들은 스트레스를 축적한다.

설계 없는 상호의존 Interdependence Without Architecture

오늘날, 동북아시아는 깊이 상호의존적이다.

공급망, 에너지 흐름, 그리고 안보 역학들이 이미 국경을 초월한다.

그러나 이 상호의존에는 다음이 결여되어 있다:

- 공유된 규칙들
- 안정적인 기대들
- 공정성 기반의 체계

설계 없는 상호의존은 마찰을 만든다.

구조 없이, 충격들은 소산되기보다 증폭된다.

왜 균형이 지배보다 뛰어난가 Why Balance Outperforms Dominance

역사와 구조는 동일한 결론을 가리킨다.

동북아시아에서:

- 균형은 지배보다 더 오래 지속된다

- 조정은 강압보다 뛰어난다
- 정당성은 비용을 줄인다

균형 잡힌 것은 유지하는 데 힘이 덜 필요하다.

균형은 경쟁을 제거하지 않는다
그것은 경쟁의 파괴성을 제한한다.

핵심 통찰 The Central Insight

동북아시아의 구조적 현실은 혼돈이 아니다.
그것은 불일치이다 — 규모, 지리, 그리고 거버넌스 모델들 사이의.

통일을 강요하려는 시도들은 이 현실을 무시했기 때문에 실패하였다.

시스템들은 나쁜 의도에서가 아니라,
구조적 불일치에서 실패한다.

미래를 위한 함의 Implication for the Future

동북아시아를 위한 어떤 실행 가능한 비전도 반드시:

- 규모를 존중해야 한다
- 다양성을 수용해야 한다

- 육지와 바다를 통합해야 한다
- 강압을 최소화해야 한다

구조에 모순되는 미래는 도래하지 않을 것이다.

신대동아연합은 이 현실을 무시하려 하지 않는다.
그것은 이 현실 안에서 작동하도록 설계되었다.

구조적 스트레스 지점들 Structural Stress Points

동북아시아의 구조적 스트레스는 세 가지 반복적인 영역에 집중된다:

- 해양 무역에 대한 내륙 접근
- 에너지 의존성 비대칭
- 좁은 통로 주변의 권력 집중

스트레스가 이 노드들에 축적될 때, 정치적 긴장이 뒤따른다.

내륙 지역들은 접근을 추구한다.
해양 지역들은 레버리지를 추구한다.
관문들은 압박 지점이 된다.

신대동아연합은 스트레스를 제거하지 않는다.
그것은 스트레스를 재분배하고 줄인다.

안정성은 차이를 제거함으로써 달성되지 않는다.

그것은 불균형이 복합화되는 것을 방지함으로써 달성된다.

마무리 닻 Closing Anchor

질문은 더 이상 동북아시아가 상호 연결될 것인지가 아니다.

이미 그렇다.

질문은 이 상호 연결이 관리되지 않은 채 남을 것인지 — 아니면 공정하고 지속 가능하게 될 것인지이다.

구조는 의도들이 하기 훨씬 전에 결과들을 결정한다.

새로운 구조적 층 A New Structural Layer

지리는 동북아시아 구조의 첫 번째 층을 형성했다.

그것은 사람들이 어디에 정착했는지, 무역이 어떻게 이동했는지, 제국들이 어디로 확장되고 어디서 멈추었는지를 결정했다.

정치적 국경들이 두 번째 층을 형성했다.

그것들은 통제를 공식화하고, 대륙-해양 연속체 (Land-Sea
Continuum)를 분할하며, 오늘날에도 지역을 정의하는 마찰을
만들었다.

세 번째 층이 이제 형성되고 있다.

*디지털 인프라가 한때 지리가 그랬던 것처럼 구조적으로 결정적이 되고
있다.*

해저 케이블들이 지역 무역, 금융, 통신을 뒷받침하는 데이터 흐름을
운반한다. 플랫폼 설계들은 어떤 기업가들이 시장에 접근할 수 있고
어떤 기업가들이 접근할 수 없는지를 결정한다. 데이터 거버넌스
체제들은 새로운 보이지 않는 국경을 그리고 있다 — 종종 그들이
겹치는 물리적 국경들보다 일상적인 경제 생활에서 더 결정적이다.

디지털 세대는 나중에 온라인이 된 디지털 이전 세계를 물려받지
않았다. 그들은 디지털 층이 이미 존재하는 세계를 물려받았다 — 이미
기회, 접근, 권력을 형성하고 있는, 그것을 구조로 인식하기에 충분히
나이들기 전에.

가장 강력한 구조들은 자연처럼 느껴지는 것들이다.

디지털 인프라가 다섯 노드에 어떻게 매핑되는가 How Digital Infrastructure Maps onto the Five Nodes

구조적 오각형 (Structural Pentagon)의 5 개 노드 체계는 물리적
지리에만 존재하지 않는다. 그것은 디지털 공간에서 재현되고 있다 —
그리고 왜곡되고 있다.

노드 1, 몽골 고원은 다섯 노드 중 디지털적으로 가장 부족한 서비스를
받는 곳으로 남아 있다. 연결성 격차는 직접적으로 경제적 거리로
전환된다. 몽골 기업가는 나머지 네 노드의 어떤 상대방보다도 글로벌
디지털 시장에 대한 더 높은 실질적 장벽에 직면한다 — 지리만으로
인한 것이 아니라, 디지털 인프라 투자가 구조적 필요보다는 기존 권력
집중을 따랐기 때문이다.

노드 2, 중국 동북부는 상당한 디지털 인프라를 보유하지만 국경을
초월한 데이터 흐름을 제한하는 거버넌스 설계 내에서 작동한다.
그것의 디지털 생산성은 내부적으로 높다. 더 넓은 지역 디지털
경제와의 통합은 구조적으로 제한된 채로 남아 있다.

노드 3, 극동 러시아는 대륙과 해양 디지털 허브 모두로부터의 물리적
거리라는 복합적 도전에 직면한다. 그것의 디지털 층은 그것의 지리가
부과하는 것과 동일한 고립을 반영한다 — 물리적과 디지털 두 가지
측면에서 활용되지 않는 노드.

노드 4, 한반도는 인프라 밀도와 연결 속도 면에서 세계에서 가장
디지털적으로 발전한 영토 중 하나이다. 그러나 그것의 분단은 반도의
디지털 잠재력의 절반이 구조적으로 단절된 채로 남아 있다는 것을
의미한다 — 지역에서 가장 눈에 띄는 디지털 균열.

노드 5, 일본 열도는 세련된 디지털 설계와 글로벌 기술 시스템과의
깊은 통합을 보유한다. 디지털 층에서의 그것의 구조적 역할은 물리적
역할을 반영한다: 판 알타 내부와 글로벌 태평양 시스템 사이의
인터페이스.

디지털 비대칭은 물리적 비대칭을 재현한다.

인프라가 없는 곳에, 거리가 돌아온다.

디지털 지배의 위험 The Risk of Digital Dominance

물리적 권력에 적용되는 것과 동일한 구조적 경고가 디지털 권력에도
적용된다.

하나의 노드 — 또는 하나의 외부 행위자 — 가 지역을 연결하는 디지털
인프라에 대한 통제를 집중시킬 때, 지배의 구조적 논리는 새로운
형태로 자신을 재주장한다.

플랫폼 독점화는 관문 항구를 통제하는 것의 디지털 등가물이다.

데이터 거버넌스 비대칭은 착취적 무역 조건의 디지털 등가물이다.

감시 설계는 행정적 점령의 디지털 등가물이다.

형태는 변한다. 구조적 문제는 변하지 않는다.

신대동아연합은 그것이 수정하려는 불균형을 재현하는 디지털 인프라
위에 건설될 수 없다. 제 11 장에서 설명된 공정 부 협약 (Fair Wealth
Protocol)은 이것을 직접적으로 다룬다. 그러나 그것의 기반은 여기서
인식되어야 한다: 동북아시아의 디지털 층은 중립적이지 않다. 그것은
이미 경합되고 있다. 그리고 그것의 설계는 어떤 철도나 에너지 그리드
못지않게 결정적으로 지역의 구조적 미래를 형성할 것이다.

디지털 세대가 물려받는 것 What the Digital Generation Inherits

현재와 미래의 디지털 세대는 물리적으로는 분단되어 있지만
디지털적으로는 투과성이 있는 동북아시아를 물려받는다.

그들은 매일 국경을 초월한다 — 상업에서, 문화에서, 소통에서 —
그들의 정부들이 아직 공식적으로 열지 않은 것들을.

이것은 사소한 일이 아니다.

이미 비공식적으로 협력하는 세대는

이전 어느 세대보다 구조적 정합에 더 가까이 있다.

그들의 임무는 연결의 작업을 시작하는 것이 아니다. 그 작업은 이미
시작되었다 — 그들을 통해, 그들의 완전한 인식 없이. 그들의 임무는
그들이 이미 하고 있는 것을 인식하고, 그것의 구조적 중요성을
이해하며, 우연이 아닌 의도로 그것을 계속하는 것이다.

인식은 습관을 설계로 전환한다.

— ◆ —

제 4 부

Part IV

공정성, 부, 그리고 자유

Fairness, Wealth, and Freedom

제 4 장 – 부재했던 설계로서의 공정성

Chapter 4 – Fairness as the Missing Architecture

왜 권력으로는 충분하지 않았는가 Why Power Was Never Enough

동북아시아의 역사는 권력의 부족으로 실패하지 않았다.

그것은 지속될 수 있는 경제적 설계의 부족으로 실패하였다.

권력은 영토를 조립했다.

권력은 질서를 집행했다.

권력은 확장을 가속화했다.

권력이 지속시키지 못한 것은 시간이 흐름에 따른 경제적으로 건전한 성장이었다.

권력은 시스템들을 확장할 수 있다.

오직 건전한 설계만이 번영을 유지할 수 있다.

번영 이전의 설계 Architecture Before Prosperity

경제적 강점은 규모만으로 창출되지 않는다.

그것은 마찰을 줄이는 설계에 의해 창출된다.

설계는 다음을 결정한다:

- 부가 어떻게 창출되는지
- 가치가 어떻게 순환하는지
- 인센티브들이 어떻게 정합되는지
- 충격들이 어떻게 흡수되는지

번영은 야망의 결과가 아니다.
그것은 구조의 결과이다.

왜 공정성이 경제적으로 구조적인가 Why Fairness Is Economically Structural

공정성은 종종 도덕적 제약으로 잘못 이해된다.
대규모 시스템들에서, 그것은 경제적 효율성 메커니즘이다.

불공정한 시스템들은:

- 부를 불균등하게 착취한다
- 거래 비용을 높인다
- 집행을 필요로 한다
- 장기 투자를 저해한다

불공정한 시스템들은 부를 생산하는 것보다 통제하는 데 더 많은 에너지를 소비한다.

공정성은 조정 비용을 낮추고 생산적 참여를 증가시킨다.

공정성과 규모 Fairness and Scale

규모가 증가함에 따라, 불공정성은 더 비싸진다.

소규모 시스템들에서:

- 비효율성은 숨겨질 수 있다
- 불균형은 지연될 수 있다

동북아시아와 같은 대규모 지역에서:

- 비효율성이 복합화된다
- 자본이 후퇴한다
- 불안정이 시스템적이 된다

규모는 힘보다 공정성에 더 많이 보상한다.

이것이 공정성이 이상주의가 아닌 이유이다 — 그것은 거시경제적 현실주의이다.

부의 기반으로서의 공정성 Fairness as the Foundation of Wealth

지속된 부는 다음을 필요로 한다:

- 신뢰
- 예측가능성
- 자발적 참여

이것들은 신뢰할 수 있게 강요될 수 없다.

부는 참여가 선택될 때 가장 빠르게 성장한다,
강요될 때가 아니라.

불공정한 시스템들은 단기적 착취를 창출할 수 있다.
그것들은 지속적 성장의 조건들을 훼손한다.

경제적 조건으로서의 자유 Freedom as an Economic Condition

이 책에서 자유는 추상이 아니다.
그것은 경제적 강점을 위한 운영적 요구사항이다.

자유는 다음을 가능하게 한다:

- 혁신
- 인재의 이동성
- 적응적 의사결정
- 장기적 헌신

자유 없이, 부는 경직된다.
경직된 부는 쇠퇴한다.

자유는 시스템을 침체로부터 보호한다.

균형 원칙 The Balance Principle

동북아시아는 역량의 부족이 아니라 불균형으로 고통받는다.

- 자유 없는 부는 집중과 저항을 낳는다
- 부 없는 자유는 취약함과 의존성을 낳는다

자유 없는 경제적 강점은 불안정하다.
경제적 강점 없는 자유는 지속 가능하지 않다.

신대동아연합은 이 불균형을 구조적으로 해결하기 위해 존재한다.

왜 공정성이 부재했는가 Why Fairness Was Missing

과거 시스템들은 다음을 우선시했다:

- 생산성보다 권력
- 효율성보다 통제
- 지속가능성보다 착취

공정성은 부차적으로 취급되었다

그 결과는 반복적인 경제적 고갈이었다.

부차적으로 취급되는 것은 결국 1차적인 것을 붕괴시킨다.

설계적 전환 The Architectural Shift

신대동아연합은 다음을 위치시킨다:

- 경제적 건전성을 최우선으로
- 공정성을 운영 설계로
- 자유를 안정화 조건으로

공정성은 성장에 추가되지 않는다.
그것은 성장에 내재된다.

이것은 강압을 줄이고, 비용을 낮추며, 회복력을 증가시킨다.

신대동아연합을 위한 함의 Implication for United Pan Alta

신대동아연합은 경제적으로 건전하고 강한 동북아시아를 목표로 한다.

중앙집권화를 통해서가 아니다.

획일성을 통해서가 아니다.

힘을 통해서가 아니다.

그러나 다음을 통해서이다:

- 공정한 조정
- 보호된 자유
- 구조적으로 효율적인 협력

가장 강한 경제들은

기능하는 데 가장 적은 강압을 필요로 하는 것들이다.

마무리 닻 Closing Anchor

동북아시아의 미래 강점은 권력보다는
어떻게 효율적으로 협력을 부로 전환하는지에 달려 있을 것이다 —
그리고 그 과정에서 자유를 얼마나 신중히 보호하는지에.

공정성이 경제적 설계가 될 때,
번영과 자유는 서로를 강화한다.

—◆—

제 5 장 – 신대동아연합이란 무엇인가(그리고 무엇이 아닌가)

Chapter 5 – What United Pan Alta Is (and Is Not)

왜 이 명확화가 중요한가 Why This Clarification Matters

비전들은 반대뿐만 아니라,
오해로도 실패한다.

역사, 권력, 기억에 의해 형성된 지역들에서,
명확성은 선택사항이 아니다.

*반복적으로 방어되어야 하는 비전은
결코 충분히 명확하게 설명되지 않았다.*

이 장은 모호함을 제거하기 위해 존재한다.

신대동아연합이란 무엇인가 What United Pan Alta Is

신대동아연합은:

- 장기적 문명적 비전
- 공정하고 준비 기반의 체계
- 조정을 향한 비강제적 길
- 경제적 강점에 대한 구조적 접근법

- 자유를 보존하는 협력 모델

그것은 다음을 위해 설계되었다:

- 시스템적 마찰 감소
- 경제저 효율성 증가
- 공유된 번영 확장
- 주권적 선택 보호

신대동아연합은 이익들을 조정한다.
행동을 명령하지 않는다.

신대동아연합이 아닌 것 What United Pan Alta Is Not

신대동아연합은 다음이 아니다:

- 반중
- 반러시아
- 반일
- 반한
- 반몽골 (내몽골 및 외몽골)
- 반국민국가

또한 다음이 아니다:

- 지정학적 블록
- 군사적 체계
- 이념적 프로젝트
- 문화적 위계

반대는 적들을 정의한다.
설계는 조건들을 정의한다.

신대동아연합이 제안하지 않는 것 What United Pan Alta Does Not Propose

신대동아연합은 다음을 제안하지 않는다:

- 정치적 통일
- 영토 변경
- 중앙집권적 권위
- 강제적 제도들
- 집행된 일정표

집행되어야 하는 것은
지속 가능할 수 없다.

신대동아연합이 존중하는 것 What United Pan Alta Respects

신대동아연합은 다음을 존중한다:

- 주권
- 문화적 연속성
- 자발적 참여
- 시스템들의 다양성
- 역사적 경험

그것은 다음을 전제한다:

- 상호의존은 이미 존재한다
- 고립은 더 이상 비용이 없지 않는다
- 조정은 복종 없이 일어날 수 있다

존중은 협력 비용을 줄인다.

왜 신대동아연합은 경제적으로 근거를 두는가 Why United Pan Alta Is Economically Grounded

신대동아연합은 추상적 이상이 아니다.

그것은 다음에 대응한다:

- 겹치는 공급망들
- 공유된 에너지 위험들
- 인구통계 변화

- 증가하는 조정 비용들

그것의 목적은 다음을 만드는 것이다:

- 협력이 갈등보다 더 저렴하도록
- 조정이 경쟁보다 더 효율적이도록
- 성장이 착취보다 더 안정적이도록

가장 강한 시스템들은
함께 일하는 비용을 낮추는 것들이다.

참여가 의미하는 것 What Participation Means

신대동아연합에의 참여는:

- 자발적
- 점진적
- 가역적
- 비배타적

어떤 참여자도:

- 주권을 포기하지 않는다
- 정체성을 잃지 않는다

- 영구적 의무를 수락하지 않는다

비전은 사람들이 그것을 떠날 수 있을 때 살아남는다.

신대동아연합이 궁극적으로 추구하는 것 What United Pan Alta Ultimately Seeks

신대동아연합은 다음을 추구한다:

- 경제적으로 건전하고 강한 동북아시아
- 증가된 공유된 부
- 보호된 자유
- 감소된 시스템적 위험

힘을 통해서가 아니다.

획일성을 통해서가 아니다.

지배를 통해서가 아니다.

공정성 위에 구축된 강점은

권력 위에 구축된 강점보다 더 오래 지속된다.

마무리 닻 Closing Anchor

신대동아연합은 동의를 요구하지 않는다.

그것은 불일치가 덜 비싸고 더 생산적이 되는 체계를 제공한다.

명확성은 신뢰의 첫 번째 조건이다.

50

이 장은 의도의 질문을 닫다 —

준비의 작업이 시작될 수 있도록.

—◆—

제 5 부

Part V

구조적 오각형: 5 개 노드 설계

The Structural Pentagon: A Five-Node Architecture

제 6 장 – 다섯 기둥 (노드 1–5)

Chapter 6 – The Five Pillars of the Structural Pentagon

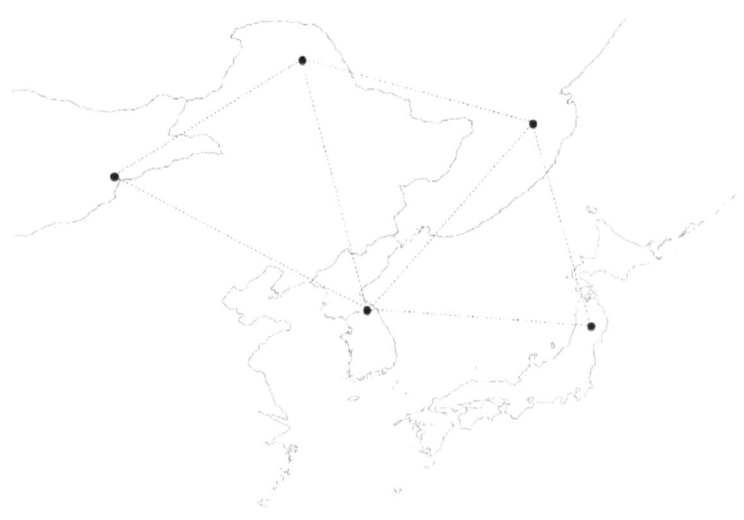

그림 1. 신대동아연합 – 동북아시아 대륙-해양 연속체 및 구조적 오각형 체계

오각형은 연속적인 대륙-해양 지리 내의 다섯 지역 노드들 사이의 구조적 관계를 보여준다.

구조적 오각형 체계는 동북아시아의 기하학적 균형을 나타낸다. 이 지역의 설계적 구조에서, 어떤 단일 노드도 「중심」 이 아니다. 대신, 중심은 다섯 노드 모두의 균형에 의해 만들어진 진공이다.

신대동아연합이 기능하려면, 이 다섯 노드 각각이 과거의 「지배 기반」 모델에서 벗어나 「기여 기반」 구조적 정합을 향해 나아가야 한다.

노드 1: 몽골 고원 — 대륙의 닻 The Mongolian Plateau – The Continental Anchor

몽골은 판 알타 세계의 「깊은 내부」를 나타낸다. 이전 세기들에, 이 노드는 종종 거리에 의해 고립되거나 인접 강대국들을 위한 자원 완충지로만 취급되었다. 새로운 설계에서, 몽골은 균형점이다. 그것의 역할은 지역이 지나치게 해양 중심적이 되는 것을 방지하는 대륙적 깊이를 제공하는 것이다. 고속 육상 척추들을 통해 몽골을 통합함으로써, 우리는 대륙-해양 연속체의 「육지」 부분이 해안 지역들만큼 역동적임을 보장한다. 고원은 지역의 「뒤」가 아니라 그것의 기초적 닻이다. 몽골 고원의 안정성 없이, 오각형은 안쪽으로 붕괴된다.

몽골은 오늘날 구조적 변곡점에 서 있다.

광대한 석탄, 구리, 희토류 광물 매장량 — 디지털 경제가 점점 더 필요로 하는 재료들 — 이 있어 아직 자체적인 조건으로 완전히 진입하지 않은 글로벌 공급망의 중심에 그것을 위치시킨다. 지역 전반의 재생 가능 에너지로의 전환은 새로운 기회를 만든다: 몽골 고원은 동북아시아의 어떤 대지보다도 가장 높은 태양 복사 조도와 풍력 에너지 잠재력 중 하나를 받는다.

이것은 먼 가능성이 아니다. 그것은 에너지 출력을 소비 노드들로 운반하는 인프라가 아직 지역 규모로 존재하지 않기 때문에 활용되지 않고 있는 현재의 구조적 자산이다.

디지털 세대에게, 몽골은 구체적인 것을 나타낸다: 현재 디지털 연결성에 대한 구조적 중요성이 반비례하는 노드. 오각형을 물리적으로 고정하는 고원은 다음 세기의 지역적 부를 정의할 디지털 네트워크에서 가장 부족한 서비스를 받는 동일한 고원이다.

다음 세대가 몽골을 향해 구축하는 것이
오각형이 유지될지 기울어질지를 결정할 것이다.

> *구조적 도전: 「거리의 고립」 극복. 몽골이 닻 역할을 하려면, 고원을 가로지르는 통과 비용은 노드가 경제적 자립에 도달할 때까지 지역 집합에 의해 보조되어야 한다.*

노드 2: 중국 동북부 – 산업적 심장부 Northeast China – The Industrial Heartland

지린, 헤이룽장, 랴오닝 성들은 대륙 측의 산업적·농업적 엔진을 형성한다. 이 노드는 지역적 부를 이끌 규모를 가지고 있지만, 역사적으로 그것의 잠재력은 「병목」 지리 — 바다에 대한 직접적이고 통합된 접근의 부족 — 에 의해 제한되어 왔다. 신대동아연합 내에서, 이 성들은 더 이상 「내륙」 영토가 아니다; 그들은 해안 노드들과 구조적 파트너이다. 그들의 역할은 오각형의 북방 호를 안정화하는 생산의 질량과 에너지를 제공하는 것이다. 그들의 통합은 종종 지역 마찰로 이어지는 「대륙 봉쇄」 압박을 제거한다.

지린, 헤이룽장, 랴오닝 성들은 그 중요성에 비례하여 거의 인정받지 못하는 구조적 무게를 지니고 있다.

함께 그들은 동북아시아에서 다른 어떤 대륙 노드도 맞출 수 없는 산업 역량, 농업 생산량, 공학적 전문성의 가장 큰 집중 중 하나를 나타낸다. 그러나 수십 년 동안, 그들의 발전 궤적은 지역 통합보다는 내부

우선순위에 의해 형성되어 왔다 ─ 진정한 대륙-해양 연속체의 노드로
기능하기보다는 국내 소비를 위해 규모에 맞게 생산하면서.

이 세 성(省)들이 직면한 인구통계 도전 ─ 노령화 인구, 젊은
근로자들이 해안 도시들을 향한 외부 이주 ─ 은 그 자체로 구조적
신호이다. 노드가 생산적인 세대를 유지할 수 없을 때, 오각형은
내부에서 약해진다.

디지털 세대에게, 중국 동북부는 경고이자 기회이다. 이 규모의 노드가
지역 공급망과 디지털 상거래 네트워크에 적절히 통합되면 공유된
지역적 부를 위한 엔진이 된다. 충분히 통합되지 않으면, 판 알타
체계가 해소하도록 설계된 대륙 봉쇄 압박의 원천이 된다.

연결 없는 규모는 방향 없는 무게이다.

> *구조적 도전: 「내부 엔진」에서 「지역 파트너」로의 전환. 이것은
> 두만강 관문의 건강을 우선시하는 통합된 지역 공급망으로의 사고방식
> 전환을 필요로 한다.*

노드 3: 극동 러시아 ─ 자원 및 관문 노드 Far East Russia – The Resource and Gateway Node

극동 러시아는 북극과 광대한 북방 변경으로의 관문이다. 그것은
지역의 「날것의 설계」 ─ 에너지, 광물, 그리고 공간 ─ 을 제공한다.
너무 오랫동안, 이 노드는 그것의 지리적 운명을 공유하지 않는 먼
중심에서 관리되어 왔다. 판 알타 체계에서, 그것은 주요 기둥이다.
그것의 구조적 정합은 항구 도시들을 공유된 지역 관문들로 전환하는
것을 포함하며, 대륙의 북방 부가 대륙-해양 연속체 전반에 걸쳐

공정하게 분배되도록 보장한다. 이 노드는 판 알타가 단지 남방 무역 네트워크가 아니라 전체론적 북방 문명임을 보장한다.

구조적 도전: 「북방 전환」 관리. 북극이 열림에 따라, 이 노드는 북방 항로들이 단일 주체가 관문을 독점하는 것을 방지하면서 공통 지역 유틸리티로 관리되도록 보장해야 한다.

극동 러시아는 조용하지만 결정적인 변환을 겪고 있다.

북극 해운 항로들의 개방 — 기후 변화 조건들에 의해 가속화된 — 은 한때 원격한 북방 변경이었던 것을 잠재적으로 글로벌적으로 중요한 통과 통로로 전환하고 있다. 북방 해로는 북극 해역을 통해 대서양과 태평양을 연결하며, 극동 러시아의 지리적 영향권을 통과한다. 주변부였던 것이 중심이 되고 있다 — 정치적 결정이 아닌, 물리적 현실에 의해.

이 변화는 아직 그것을 공정하게 관리하는 데 필요한 지역 제도적 체계들에 의해 따라잡히지 못했다. 위험은 극동 러시아가 고립된 채로 남는 것이 아니다. 위험은 그것의 떠오르는 관문 기능이 공정한 지역 설계가 그것을 관리하기 위해 존재하기 전에 단일 외부 이익에 의해 포획되는 것이다.

디지털 세대에게, 극동 러시아는 오각형에서 가장 시간적으로 민감한 구조적 기회를 나타낸다. 북극은 지금 열리고 있다. 그것을 공정하게 관리하는 체계들은 항로들이 불가결해지기 전에 준비되어야 한다 — 왜냐하면 의존성이 확립되고 나면, 접근 조건들은 재협상하기가 매우 어려워지기 때문이다.

의존성 이전의 준비는 전략이다.

의존성 이후의 준비는 약한 위치에서의 협상이다.

노드 4: 한반도 – 중앙 교환대 The Korean Peninsula – The Central Switchboard

오각형의 기하학적 중심으로서, 한반도는 물리적 다리이다. 그것은 동시에 깊은 대륙적이고 싶은 해양적인 유일한 노드이다. 20 세기의 그것의 분단은 동북아시아의 주된 「구조적 단절」이었다 — 육지와 바다를 분리된 채로 남게 강요한 균열된 다리. 오각형이 유지되려면, 반도는 마찰 없는 도관으로 기능해야 한다. 그것은 대륙의 에너지가 대양의 무역을 만나는 「교환대」이다. 그것의 안정성은 전체 대륙– 해양 연속체의 건강에 대한 리트머스 시험이다.

> *구조적 도전: 「중립성 위임」 . 다리가 유지되려면, 반도는 구조적으로 중립을 유지해야 한다. 다른 것의 희생으로 오각형의 한 쪽을 향한 어떤 기울임도 전체 설계를 뒤틀게 한다.*

한반도는 그것의 물리적 구조적 역할을 반영하고, 심화시키는 디지털 시대의 위치를 차지한다.

대한민국은 인프라 밀도, 플랫폼 개발, 반도체 제조, 문화적 디지털 수출 측면에서 세계에서 가장 디지털적으로 발전된 사회들 중 하나이다. 그것의 디지털 경제는 이미 정치적 상황이 공식적으로 허용하지 않는 방식으로 비공식적으로 국경을 초월한다. 한국의 엔터테인먼트, 기술, 상업은 오각형의 다른 모든 노드에 달하며, 정치 구조들이 따라잡지 못한 소프트 연결성의 패턴들을 만들고 있다.

북한은 지역에서 가장 날카로운 디지털 균열을 나타낸다 — 오각형의 나머지를 연결하는 디지털 층으로부터 거의 완전히 단절된 노드. 이

단절은 인도주의적 우려만이 아니다. 그것은 최고 수준의 구조적
비효율성이다: 대륙–해양 연속체의 지리적 중심에 있는 인구와 영토가
지역 디지털 경제에 아무것도 기여하지 않고 받지도 않는다.

디지털 세대에게, 반도는 동북아시아에서 가장 구조적으로 결정적인
미해결 질문을 제시한다. 그것의 정치적 드라마 때문이 아니라 —
연속체의 교환대로서의 그것의 지리적 위치가 그것을 통해 흐르는
균열이 매일 다른 모든 노드에 비용을 주기 때문이다.

균열된 다리는 건너고자 하는 사람들만 멈추지 않는다.

그것은 양쪽 모두의 여행 비용을 높인다.

노드 5: 일본 열도 – 해양 인터페이스 The Japanese Islands – The Maritime Interface

일본 열도는 대륙–해양 연속체의 동쪽 경계를 형성한다. 그것의 역할은
「장벽」이나 「전초기지」가 아니라, 판 알타와 글로벌 태평양 시스템
사이의 인터페이스가 되는 것이다. 일본의 발전된 기술적·해양적
설계는 오각형의 정교한 「외부 껍데기」를 제공한다. 그것의 구조적
책임은 지역의 해양 무역 항로들이 공정성과 투명성에 의해 관리되도록
보장하는 것이며, 지역 마찰로 이어지는 「권력 집중」을 방지하는
것이다. 일본은 판 알타의 대륙적 폐가 숨쉬는 「환기」를 제공한다.

*구조적 도전: 「통합 역설」. 일본은 해양 지배의 구 패턴으로
떨어지지 않고 그것의 첨단 해양 설계를 대륙 내부와 통합해야 한다.*

일본의 디지털 시대 구조적 위치는 특별한 책임을 지니고 있다.

오각형에서 기술적으로 가장 정교한 노드로서, 일본은 지역 디지털 통합을 가속화하거나 방해할 수 있는 설계적 역량을 보유한다. 그것의 반도체 공급망, 로봇 공학 인프라, 글로벌 금융 및 기술 시스템과의 깊은 통합은 현재 다른 어떤 노드도 일치시키지 못하는 구조적 레버리지를 제공한다.

이 레버리지는 두 가지 방식으로 사용될 수 있다.

그것은 오각형 전반에 걸쳐 연결성을 심화하는 데 사용될 수 있다 — 기술적 설계를 공유하고, 해안과 내륙 노드들 사이의 디지털 비대칭을 줄이며, 지역이 공정한 조건으로 글로벌 시스템에 연결되는 인터페이스로 기능하는 것.

또는 그것은 역사가 반복적으로 대륙적 저항을 생성하지 않고는 무기한 유지될 수 없음을 보여준 해양적 우위를 강화하는 데 사용될 수 있다.

일본은 이전에 이 구조적 긴장을 헤쳐나간 적이 있다 — 다양한 결과들로. 디지털 시대는 새로운 형태로 동일한 선택을 제시한다. 일본을 반도의 가장 유능한 파트너로 만드는 기술적 정교함은, 착취적으로 배치된다면, 판 알타 체계가 방지하도록 설계된 구조적 불균형을 재창출하는 동일한 정교함이다.

일본의 디지털 세대에게, 이것은 유산이다: 역사에 대한 죄책감이 아니라, 설계에 대한 책임.

가장 유능한 노드는 가장 큰 구조적 의무를 진다.

「*안정성은 하나의 노드의 강함이 아니라, 다섯 노드 모두 사이의 긴장과 균형에서 발견된다.*」

구조적 오각형 — 비용 분배 모델 The Structural Pentagon — A Cost-Distribution Model

구조적 오각형은 상징적이 아니다.

그것은 비용 분배 모델이다.

하나의 노드가 무역 항로, 에너지 공급, 또는 운송 통로를 지배할 때, 다른 모든 노드들을 위한 조정 비용이 증가한다.

지배는 위험을 집중시킨다.

균형은 위험을 분산시킨다.

다섯 노드 시스템에서, 균형은 시스템 비용을 줄인다.

불균형은 수정 가격을 증가시킨다.

구조적 균형은 따라서 미적이 아니다.

그것은 경제적이다.

—◆—

제 6 부

Part VI

구조적 정합의 사례 연구

Case Studies in Structural Alignment

제 7 장 – 두만강 삼각지대

Chapter 7 – The Tumen River Triad: A Gateway of Three Nodes

두만강은 북방의 「설계적 경첩」 이다. 노드 2 (중국 동북부), 노드 3 (극동 러시아), 그리고 노드 4 (한반도)에게, 이 지역은 역사적으로 높은 구조적 마찰의 지점이었다. 신대동아연합 모델에서, 우리는 국경을 이동시키는 것이 아니라 국경의 마찰을 용해시키려 한다.

삼각지대 정합은 「세 열쇠 시스템」 을 필요로 한다. 어떤 단일 노드도 혼자서는 북방 관문의 잠재력을 열 수 없다. 중국의 산업적 질량, 러시아의 북방 관문 항구들, 그리고 한반도의 반도-다리 물류가 정합될 때, 내부의 「내륙봉쇄」 상태가 사라진다. 이것이 대륙-해양 연속체를 위한 첫 번째 「개념 증명」 이다 — 부는 관문을 소유함으로써가 아니라 그것을 열어 둠으로써 창출된다는 점을 보여준다.

—◆—

제 8 장 – 에너지 척추

노드 1 (몽골)과 노드 5 (일본) 사이의 정합은 「필요의 대칭」을
나타낸다. 몽골 고원은 지역의 배터리이다 — 새 천년에 필요한 광물과
재생 가능 잠재력이 풍부한. 일본은 처리기이다 — 그 잠재력을 지역
안정성으로 전환할 기술적 설계를 보유하고 있는.

구조적 다리는 한반도(노드 4 / Node 4)이다. 에너지가 이 척추를 통해
흐를 때, 그것은 평화에 묶인 상호 의존성을 만든다. 열도가 에너지를
위해 고원에 의존하고, 고원이 시장 통합을 위해 열도에 의존하기
때문에, 갈등은 구조적으로 더 어려워진다.

제 9 장 – 블루 리본 해양 정합

Chapter 9 – The "Blue Ribbon" Maritime Alignment

이 사례 연구는 노드 5 (일본)와 노드 4 (한반도) 사이의 해양 공간에 초점을 맞춘다. 해양 지배를 위해 경쟁하는 대신, 이 노드들은 그들의 항구 관리와 해운 항로를 단일 「블루 리본」 통로로 정합한다. 그들 사이의 바다를 경합되는 국경이 아닌 공유된 내부 폐로 취급함으로써, 그들은 전체 판 알타 세계를 위한 물류 비용을 줄인다.

「사례 연구는 예측이 아니다. 그것은 개념 증명이다. 지리가 존중될 때 평화의 설계가 자연스럽게 뒤따를 수 있음을 보여준다.」

— ◆ —

제 6 부 결론: 사례 연구들이 드러내는 것 Conclusion of Part VI: What the Case Studies Reveal

세 가지 사례 연구들은 서로 독립적으로 존재하지 않는다.

그들은 동일한 근본적 구조적 논리의 세 가지 표현이다:

- 두만강 삼각지대는 육지 관문의 잠재력을 보여준다
- 에너지 척추는 대륙-해양 상호의존을 보여준다
- 블루 리본 정합은 공유된 해양 통로를 보여준다

지리가 존중될 때, 구조는 협력에 보상한다.

지리가 무시될 때, 구조는 갈등을 처벌한다.

이것들은 이상주의적 시나리오들이 아니다.

이것들은 구조적 현실들이 풀려날 때 가능해지는 것을 보여주는 달성 가능한 정합들이다.

첫 번째 단계는 정복이 아니라 열기이다.

제 7 부

Part VII

통합의 인프라

The Infrastructure of Integration

제 10 장 – 하드 정합: 물리적 골격

Chapter 10 – Hard Alignments: The Physical Skeleton

신대동아연합이 존재하기 위해서는, 대륙-해양 연속체가 전통적인 정치적 장벽들을 무시하는 물리적 인프라에 의해 지지되어야 한다. 이러한 「하드 정합」들은 지역의 신체가 걸리는 골격이다.

1. 표준화된 철도 궤도 The Standardized Rail Gauge

대륙 노드들(몽골, 중국 동북부, 극동 러시아)과 반도 다리(한반도)는 통일된 고속 철도 표준을 지향해야 한다. 이것은 단순한 운송 프로젝트가 아니다. 그것은 「구조적 마찰」의 물리적 제거이다. 컨테이너가 울란바토르에서 부산까지 궤도 교환 없이 이동할 수 있을 때, 육지와 바다는 실질적으로 통합된 것이다.

2. 지역 에너지 그리드 The Regional Energy Grid

우리는 「동기화된 전력 설계」를 향해 나아가야 한다. 이것은 몽골 고원에서 생성된 재생 가능 에너지가 일본과 한국의 첨단 기술 허브들에 의해 실시간으로 활용될 수 있도록 한다. 에너지 인프라를 공유함으로써, 하나의 노드의 건강이 다른 노드들의 에너지 안보와 연결되는 상호의존 체계를 만든다.

인프라의 자본 규율 Infrastructure Requires Capital Discipline

하드 정합들은 반드시:

- 재정 부담을 비율적으로 분배해야 한다

- 부채 의존 구조를 피해야 한다
- 노드들 전반에 걸쳐 수익 투명성을 보장해야 한다

하나의 노드를 파산시키는 공유된 철도는 정합이 아니다.
그것은 지연된 불안정이다.

가격 결정력을 집중시키는 에너지 그리드는 그것이 해결한다고
주장하는 불균형을 재창출한다.

신대동아연합은 금융적 비대칭 위에 건설될 수 없다.

공정성 없는 물리적 통합은 붕괴를 가속화한다.

정합은 모든 참여자를 위한 장기 비용을 줄여야 하며, 하나를 위한 단기
이점을 만들어서는 안 된다.

단계적 경로의 원칙들 Principles of the Phased Path

단계적 경로는 네 가지 원칙을 따른다:

- 자발성 — 어떤 단계도 강제적이지 않다
- 가역성 — 참여는 조정될 수 있다
- 비대칭성 — 모든 참여자가 같은 속도로 이동하지 않는다
- 공정성 우선 — 정당성이 규모에 선행한다

단계들은 위험을 줄이기 위해 존재하며,
통제를 가속화하기 위해서가 아니다.

1 단계 – 지적 및 문화적 준비

첫 번째 단계는 제도적이 아니다.
그것은 인지적이다.

그것은 다음에 초점을 맞춘다:

- 공유된 이해
- 개념적 정합
- 사회들 전반에 걸친 신뢰 구축

여기에는 다음이 포함된다:

- 교육 및 연구 교환
- 공유된 용어 및 체계들
- 열린, 비구속적 대화

준비는 사람들이 같은 개념들을 사용하여 의견 불일치를 할 수 있을 때
시작된다.

어떤 권위도 창출되지 않는다.

어떤 의무도 부과되지 않는다.

2 단계 – 경제적 및 기능적 조정

이해가 존재하면, 조정이 경제적이 된다.

이 단계는 다음을 강조한다:

- 무역 촉진
- 에너지 협력
- 물류 효율성
- 위험 분담 메커니즘들

조정은 다음을 유지한다:

- 자발적
- 프로젝트 기반
- 비배타적

경제적 협력은 선택을 좁히지 않고
비용을 낮출 때 성공한다.

경제적 강점은 중앙집권화 없이 추구된다.

3단계 – 통합 없는 제도적 정합

제도들이 나타날 수 있다 — 그러나 오직 통제자가 아닌 조력자로서만.

이 단계는 다음에 초점을 맞춘다:

- 표준 정합
- 정보 투명성
- 분쟁 관리 메커니즘들

제도들은 다음을 유지한다:

- 가벼운
- 기능적
- 동의 기반

제도들은 협력에 봉사해야 한다,
그것을 대체해서는 안 된다.

주권은 온전히 유지된다.

4단계 – 세대적 연속성

마지막 단계는 완성이 아니다.

그것은 연속성이다.

이 단계는 다음을 보장한다:

- 지식 이전
- 제도적 기억
- 새로운 조건에 대한 적응성

비전은 그것의 저자들보다 오래 살 때만 살아남는다.

각 세대는 다음을 재평가한다:

- 관련성
- 구조
- 참여

왜 일정표가 없는가 Why There Is No Timeline

신대동아연합은 마감일을 부과하지 않는다.

일정표는 압박을 만든다.
압박은 지름길을 초대한다.
지름길은 정당성을 훼손한다.

유기적으로 성숙하는 것은
유지하는 데 힘이 덜 필요하다.

진전은 속도가 아닌 준비상태로 측정된다.

단계들이 겹칠 수 있는 이유 Why Phases Can Overlap

단계들은 선형적 명령이 아니다.
그들은:

- 겹칠 수 있다
- 일시 정지할 수 있다
- 후퇴할 수 있다
- 불균등하게 전진할 수 있다

유연성은 약점이 아니다.
그것은 구조적 지능이다.

국가들과 사회들의 역할 The Role of States and Societies

국가들은 대체되지 않는다.
사회들은 우회되지 않는다.

단계적 경로는 다음을 허용한다:

- 정부들이 선택적으로 참여하도록
- 제도들이 기능적으로 협력하도록
- 시민 사회가 문화적으로 준비하도록

사회를 배제하는 통일은
결코 정부 교체에서 살아남지 못한다.

마무리 닻 Closing Anchor

신대동아연합은 도달하려 하지 않는다.
그것은 실행 가능한 상태를 유지하려 한다.

단계적 경로는 자유를 보호하면서
강점을 구축한다.

천천히 준비된 통일은 빠르게 강요된 통일보다 비용이 덜 든다.

—◆—

제 11 장 – 소프트 정합: 디지털 및 법적 인터페이스

Chapter 11 – Soft Alignments: The Digital and Legal Interface

물리적 골격은 신경계를 필요로 한다. 이러한 「소프트 정합」들은 부와 정보의 흐름이 다섯 노드 전반에 걸쳐 공정하게 유지되도록 보장한다.

1. 공정 부 협약 The Fair Wealth Protocol

무역의 「마찰 계수」를 추적하는 지역 디지털 원장. 그것은 내륙 노드들이 숨겨진 물류 비용을 통해 해양 노드들에 의해 착취당하지 않도록 보장한다.

공정한 부의 협약은 시장들을 규제하지 않는다.

그것은 왜곡을 측정한다.

투명성은 의심을 줄인다.

측정은 조작을 줄인다.

보이는 것은 착취하기가 더 어려워진다.

목적은 통제가 아니다.

그것은 명확성이다.

마찰이 공개적으로 측정될 때, 조정은 대립적이 아닌 협력적이 된다.

실제 디지털 마찰 계수의 모습 What the Digital Friction Coefficient Looks Like in Practice

공정한 부의 협약은 추상적 도구가 아니다.

그것은 실질적인 것을 측정한다 — 내륙 노드들이 지역 및 글로벌 경제 시스템에 접근하고, 참여하고, 이익을 얻는 능력 면에서 해양 노드들에 비해 경험하는 구조적 불이익.

물리적 세계에서, 이 불이익은 눈에 보인다: 울란바토르에서 항구로 컨테이너를 이동하는 비용은 해안 도시들 사이에서 같은 컨테이너를 이동하는 것보다 높다. 시간은 더 길다. 인프라는 더 얇다. 선택지는 더 적다.

디지털 세계에서, 같은 불이익이 존재한다 — 그러나 덜 보이고, 따라서 더 쉽게 무시된다.

동등한 기술과 야망을 가진 두 기업가를 생각해 보십시오: 한 명은 울란바토르에 기반하고, 다른 한 명은 도쿄에 기반한다.

도쿄의 기업가는 최소한의 마찰로 글로벌 디지털 결제 시스템에 접근한다. 그녀의 제품들은 그녀의 통화, 법적 체계, 은행 인프라를 인식하는 플랫폼들을 통해 국제 고객들에게 도달한다. 그녀의 디지털

공급망은 낮은 지연 시간, 높은 신뢰성, 광범위한 시장 접근으로
운영된다.

울란바토르의 기업가는 다른 설계에 직면한다. 결제 플랫폼들은 더
높은 수수료를 부과하거나 전혀 사용할 수 없다. 물류 통합은
불완전하다. 높은 거래량 시장을 위해 조정된 플랫폼 알고리즘들은
그녀의 목록을 우선순위에서 낮춘다. 그녀의 비즈니스가 의존하는
디지털 인프라는 밀도가 이미 존재하는 노드들 주변에 설계되었다 —
구축되어야 하는 노드들 주변이 아니라.

디지털 경제는 평등에서 시작하지 않는다.

그것은 이미 존재하는 인프라에서 시작한다.

공정 부 협약은 이 격차를 — 측정되고, 명명되고, 시간이 지남에 따라
추적된 — 조정이 개인적 불만이 아닌 구조적 책임의 문제가 되도록
가시화하기 위해 존재한다.

측정된 것은 다루어질 수 있다.

보이지 않는 것은 조용히 복합화된다.

공정성의 근간으로서의 분산 원장 기술 Distributed Ledger Technology as
the Backbone of Fairness

공정 부 협약이 기능하려면, 어떤 단일 노드도 통제하지 않는 인프라를
필요로 한다.

이것은 사소한 요구사항이 아니다. 그것은 어떤 지역 공정성 메커니즘의 중심적 구조적 도전이다: 어떻게 다섯 노드 모두가 신뢰하는 측정 및 책임 시스템을 만드는가, 단일 노드가 다른 모든 노드들로부터 중립적으로 관리하도록 신뢰받을 수 없을 때?

분산 원장 기술 — 블록체인과 그 계승자들 — 은 이전 시대들이 접근할 수 없었던 구조적 답변을 제공한다.

분산 원장은 어떤 단일 위치에도 존재하지 않는다. 그것은 어떤 단일 권위에 의해서도 관리되지 않는다. 그것의 기록들은 모든 참여자들에게 투명하고 어느 누구도 단독으로 변경할 수 없다. 그것에 기록된 것은 보인다. 보이는 것은 조작하기가 더 어렵다.

공정 부 협약을 위해, 이것은 다음을 의미한다:

무역 마찰 데이터 — 마찰 계수를 정의하는 시간, 비용, 장벽 측정들 — 는 어떤 단일 노드도 단독으로 채우지 않고 어떤 단일 노드도 단독으로 수정할 수 없는 공유된 지역 원장에 기록될 수 있다.

지역 그리드 전반의 에너지 흐름 데이터는 동일한 투명성으로 추적될 수 있다 — 에너지 생산 노드들과 에너지 소비 노드들 사이의 교환 조건이 보이고 따라서 착취 방향으로 표류한다면 이의를 제기할 수 있도록 보장하면서.

인프라 재정 기여와 수익은 숨겨진 의존성 구조들이 영구화되기 전에 가시화되는 형태로 기록될 수 있다.

투명성은 공정성을 보장하지 않는다.

그러나 불투명성은 불공정성의 가능성을 보장한다.

디지털 세대는 동북아시아 역사에서 이런 종류의 인프라를 구축, 운영, 유지할 기술적 역량을 가진 첫 번째 세대이다. 그들은 정부들이 그것을 설계하기를 기다릴 필요가 없다. 그들은 지금 — 연구자들로서, 엔지니어들로서, 기업가들로서, 설계자들로서 — 개념적·기술적 설계를 구축하기 시작할 수 있다. 정치적 조건들이 공식적 채택을 허용할 때 도구들이 이미 준비되어 있도록.

준비는 가능성에 선행한다.

미리 준비된 도구들은 압박 하에 구축된 도구들보다 비용이 덜 든다.

현대의 열린 무역로로서의 투명성 Transparency as the Modern Open Trade Route

동북아시아 역사의 대부분에서, 내륙 노드들에 대한 해양 노드들의 구조적 우위는 단순한 지리적 현실에서 비롯되었다: 항구들을 통제하는 사람들이 무역의 조건들을 통제했다.

정보 비대칭이 이 우위를 강화했다. 항구의 상인은 내륙의 생산자가 알지 못하는 가격, 수요, 항로 조건들을 알았다. 이 지식 격차는 우발적이 아니었다. 그것은 구조적이었다 — 그리고 구조적으로 착취되었다.

디지털 시대는 이 비대칭을 완전히 제거할 기술적 역량을 가지고 있다.

가격들이 모든 노드들에서 동시에 보일 때, 관문 통제자들의 정보 우위는 사라진다. 물류 비용이 투명하게 추적될 때, 숨겨진 착취가

보이게 된다. 무역 마찰이 측정되고 공개될 때, 불공정한 조건들을
유지하는 정치적 비용이 높아진다.

열린 정보는 열린 무역로의 디지털 등가물이다.

*둘 다 접근을 통제함으로써 이익을 얻는 사람들의 구조적 권력을
줄인다.*

이것이 바로 공정 부 협약이 단순한 회계 도구가 아닌 이유이다. 그것은
구조적 균형 장치이다 — 디지털 시스템들의 투명성 역량을 사용하여
역사적으로 내륙 노드들을 구조적 불이익에 처하게 한 정보 비대칭들을
수정하는.

신대동아연합은 내륙 노드들에게 해양 노드들을 신뢰하도록 요청하지
않는다.

그것은 모든 노드들에게 그들 중 어느 누구도 단독으로 통제하지 않는
시스템을 신뢰하도록 요청한다.

공정한 시스템에 대한 신뢰는

강력한 파트너에 대한 신뢰보다 더 지속적이다.

2. 구조적 중립 협정 The Structural Neutrality Accord

노드 4 (한반도)와 노드 3 (극동 러시아 관문들)를 위한 법적 체계. 이
지역들은 「구조적 공유지」로 지정되어야 한다 — 균형의 지역적
이익이 지배의 지역적 이익보다 우선하는 지역들.

역사는 반복되지 않는다, 조건들이 반복된다 History Does Not Repeat, Conditions Do

역사는 기계적으로 자신을 반복하지 않는다.

반복되는 것은 조건들이다.

긴 역사에 걸쳐, 동북아시아는 지속 가능한 조정에 필요한 조건들이 결여되어 있었다.

그 조건들은 이제 변하고 있다.

가능성은 조건들이 정합될 때 나타난다,
의도들이 강화될 때가 아니라.

해결책으로서의 팽창의 종말 The End of Expansion as a Solution

역사의 대부분에서, 성장은 팽창에서 왔다:

- 영토
- 인구
- 착취

팽창은 일시적으로 희소성을 해결했다.

그것은 갈등을 영구적으로 심화시켰다.

한때 희소성을 해결했던 것이
이제 위험을 배가시킨다.

현재 새 천년에, 팽창은 그 한계에 도달했다.

기술이 조정 비용을 변화시킨다 Technology Changes Coordination Costs

가장 중요한 전환은 권력이 아니다.
그것은 조정 비용이다.

디지털 시스템들은 다음을 줄인다:

- 정보 비대칭
- 거래 비용
- 거리 패널티

조정이 저렴해질 때,
협력이 합리적이 된다.

이 변화는 이전 시대들에는 존재하지 않았다.

경제적 상호의존은 이제 구조적이다 Economic Interdependence Is Now Structural

상호의존은 더 이상 선택적이지 않다.

공급망, 에너지 시스템, 금융 흐름들은 이제 정치적 정합에 관계없이 지역을 묶는다.

탈동조화는 자율성을 회복하는 것보다
더 빠르게 비용을 증가시킨다.

이것은 관리되지 않는 상호의존을 부채로 만든다.

부는 이제 지식 집약적이다 Wealth Is Now Knowledge-Intensive

현대의 부는:

- 무형적
- 네트워크화된
- 혁신 주도적

그것은 다음에 의존한다:

- 개방성
- 신뢰

- 이동의 자유

지식 경제들은 강압 하에 붕괴된다.

이것은 권력과 번영 사이의 관계를 근본적으로 변화시킨다.

인구통계가 인센티브를 변화시킨다 Demography Alters Incentives

인구통계 추세들은 이제 다음을 선호한다:

- 정복보다 안정
- 팽창보다 생산성
- 지배보다 협력

성장이 느려질 때, 낭비는 감당할 수 없게 된다.

인구통계적 현실은 효율성에 보상한다.

에너지와 환경이 권력을 제약한다 Energy and Environment Constrain Power

에너지 시스템들은 다음에서 전환되고 있다:

- 집중된 착취
- 분산되고 다양화된 원천들을 향해

환경적 한계들은 이제 실질적인 비용을 부과한다.

시스템을 손상시키는 것은
결국 가장 강한 행위자를 먼저 손상시킨다.

제약들을 무시하는 권력은 비싸진다.

경쟁 우위로서의 자유 Freedom as a Competitive Advantage

현재 새 천년에, 자유는 사치가 아니다.

이는 경쟁 우위이다.

자유는 다음을 가능하게 한다:

- 혁신
- 적응성
- 회복력

선택을 제한하는 시스템들은
그들 자신의 미래를 제한한다.

이것은 통제의 계산법을 변화시킨다.

왜 이 순간이 중요한가 Why This Moment Matters

한때 공정한 조정을 방지했던 조건들이 약해지고 있다.

그것에 보상하는 조건들이 강해지고 있다.

어제 불가능했던 것이
오늘 저항하기 비효율적이 된다.

신대동아연합은 낙관주의에 의존하지 않는다.
그것은 구조적 정합에 의존한다.

마무리 닻 Closing Anchor

이 책은 지금이 다르기 때문에 지금 쓰인다.

갈등이 끝났기 때문이 아니라,
그것의 비용이 높아졌기 때문이다.

협력이 갈등보다 저렴해질 때,
준비는 책임이 된다.

—◆—

제 8 부

Part VIII

다음 세대를 위한 준비

Preparation for the Next Generation

제 12 장 – 세대적 책임

Chapter 12 – Generational Responsibility

시간을 초월한 메시지 A Message Across Time

이 책은 세대들을 초월하여 쓰였다.

지금 살고 있는 사람들에게,

그리고 그 결과들과 함께 살아갈 사람들에게.

미래는 동등하게 물려받지 않는다.

준비가 누가 부담을 지는지를 결정한다.

현재 세대에게 To the Current Generation

현재 세대의 책임은 미래를 결정하는 것이 아니다.

그것은 더 나은 결정들이 가능해지는 조건들을 준비하는 것이다.

준비는 다음을 의미한다:

- 구조를 이해하는 것
- 피할 수 있는 위험을 줄이는 것
- 거짓된 긴급함에 저항하는 것

준비 없이 행동하는 사람들은
종종 다음 세대가 수리하도록 강요한다.

이 책은 현재 세대에게 동북아시아를 통일하도록 요청하지 않는다.
통일을 불가능하게 만들지 말도록 요청한다.

다음 세대에게 To the Next Generation

다음 세대는 다음을 결정할 것이다:

- 협력이 심화되는지 균열되는지
- 부가 확장되는지 집중되는지
- 자유가 살아남는지 수축되는지

그들의 결정들은 지금 준비된 것에 의해 제약받거나 — 또는 가능해질
것이다.

선택은 준비가 권력에 선행할 때 확장된다.

이 책은 다음 세대에게 무엇을 선택해야 하는지를 지시하지 않는다.
그것은 그들의 선택할 자유를 보존하려 한다.

왜 이것이 공유된 책임인가 Why This Is a Shared Responsibility

어떤 세대도 역사를 소유하지 않는다.

각 세대는:

- 조건들을 물려받는다
- 궤적들을 변화시킨다
- 결과들을 전달한다

오늘 준비되지 않은 것은 내일 피할 수 없게 된다.

신대동아연합은 시간 지평을 연장하기 위해 존재한다,
따라서 결정들은 긴급함이 아닌 인식을 가지고 이루어진다.

비전의 역할 The Role of Vision

비전은 약속이 아니다.
보장이 아니다.
명령이 아니다.

비전은 참조점이다.

좋은 비전은 불확실성을 제거하지 않는다. 맹목성을 줄인다.

신대동아연합은 그러한 참조점으로 제공된다.

최종 척도 The Final Measure

신대동아연합의 성공은 다음으로 측정되지 않을 것이다:

- 서명된 조약들
- 창설된 제도들
- 발표된 선언들

그것은 다음으로 측정될 것이다:

- 감소된 협력 비용
- 증가된 공유된 번영
- 보존된 선택의 자유

조용히 지속되는 것이
크게 선언하는 것보다 더 중요하다.

마무리 닻 Closing Anchor

이 책은 책임이 시작되는 곳에서 끝난다.

동북아시아의 미래는

통일을 요구한 사람들이 아니라,

그것을 준비한 사람들에 의해 형성될 것이다.

—◆—

통일을 요구한 사람들이 아니라,

그것을 준비한 사람들에 의해 형성될 것이다.

제 13 장 – 구조적 행위자로서의 디지털 세대

Chapter 13 – The Digital Generation as Structural Agent

당신은 이미 하고 있다 You Are Already Doing It

이 책이 아직 직접적으로 묻지 않은 질문이 있다.

디지털 세대가 판 알타 비전의 구조적 행위자가 될 수 있는지가 아니다.

그들이 이미 그렇다는 것을 인식하고 있는지이다.

매일, 공식적인 합의나 제도적 위임 없이, 현재와 미래의 디지털 세대는
그들의 조부모들의 세계를 분열시켰던 국경들을 초월한다. 그들은
지도에서 찾을 수 없을 노드들의 판매자들로부터 구매한다. 그들은
말하지 못하는 언어로 제작된 콘텐츠를 소비하며, 그들이 구축하지
않은 시스템들에 의해 번역되고, 설계하지 않은 인프라를 통해
전달된다. 그들은 국가 경계를 관련 범주로 인식하지 않는
플랫폼들에서 협력한다.

이것은 정치가 아니다. 이념이 아니다. 심지어 의도도 아니다.

이는 구조적 행동이다 — 그리고 이미 지역을 재형성하고 있다.

질문은 이 세대가 판 알타 연속체에 참여할 것인지가 아니다. 그들은
이미 한다. 질문은 그들이 인식을 가지고 — 설계자들로서 — 그렇게 할

것인지, 아니면 없이, 다른 사람들에 의해 설계된 시스템들을 위한 원재료로서 그렇게 할 것인지이다.

인식 없는 참여는 주체성이 아니다.

이는 소비이다.

이 세대를 구조적으로 다르게 만드는 것 What Makes This Generation Structurally Different

동북아시아의 모든 이전 세대는 동일한 기본적 제약에 직면했다: 국경을 넘는 비용이 높았다.

돈에서 높았다. 시간에서 높았다. 정치적 위험에서 높았다. 문화적 거리에서 높았다.

이러한 비용들은 사고가 아니었다. 그들은 구조들이었다 — 그들이 만든 마찰로부터 이익을 얻는 시스템들에 의해 구축되고, 유지되고, 집행된.

디지털 세대는 이 지역 역사에서 국경을 초월한 상호작용의 기본 비용이 거의 제로로 떨어진 첫 번째 세대이다.

메시지는 비용이 없다. 거래는 소액의 수수료가 든다. 협력은 시간과 기술이 드는 — 그러나 허가는 아니다.

협력 비용이 떨어질 때,

이것이 현재 순간을 동북아시아 역사의 모든 이전 순간과 다르게 만드는 구조적 전환이다. 지도자들의 선의가 아니다. 조약의 서명이 아니다. 영토 분쟁의 해결이 아니다.

비용 구조가 변했다.

그리고 이 새로운 비용 구조에 살고 있는 세대 — 지리적 거리가 정보적 거리를 의미했던 세계를 결코 알지 못한 세대 — 는 판 알타 비전이 이상주의가 아닌 첫 번째 세대이다.

그것은 단순히 이미 존재하는 것에 대한 설명이며, 인식되기를 기다리고 있다.

이미 설계인 습관들 The Habits That Are Already Architecture

디지털 세대는 국경을 초월한 협력이 가능하다고 설득될 필요가 없다.

그들은 매일 그것을 실천한다 — 종종 이름을 붙이지 않고.

부산의 개발자가 도쿄의 팀이 유지하고 울란바토르의 엔지니어들이 사용하는 오픈 소스 프로젝트에 기여할 때, 그것은 제도적 허가 없이 작동하는 기능하는 노드 관계이다.

심양의 소상공인이 서울의 고객들에게 배달하는 플랫폼을 통해 판매할 때, 그것은 상업적으로 운영 중인 대륙-해양 연속체이다.

블라디보스토크의 학생이 서울에서 제작된 교육 콘텐츠를 사용하여 시험을 준비할 때, 그것은 정치 역사가 공식적으로 닫혀 있게 유지해 온 노드 경계를 넘는 지식의 이전이다.

이것들은 은유가 아니다.

그들은 위에서 합의로 비준되기 전에, 아래로부터 행동으로 구축되고 있는 지역 설계의 초기 인프라이다.

아래로부터 구축된 것은

위에서 부과된 것보다 해체하기 더 어렵다.

디지털 세대는 통합하기 위한 허가를 기다리지 않는다. 그들은 이미 시작했다. 판 알타 체계는 그들이 시작하도록 요청하지 않는다. 그것은 그들이 시작한 것을 인식하도록 — 그리고 우연이 아닌 의도로 계속하도록 요청한다.

이 세대의 구체적인 책임 The Specific Responsibility of This Generation

인식만으로는 충분하지 않는다.

디지털 세대는 이전 세대들이 같은 형태로 직면하지 않은 구조적 책임을 진다: 그들의 세계의 설계가 아직 구축되고 있으며, 그들은 그것의 구축자들 중에 있다 — 그것을 인정하든 하지 않든.

그들이 사용하는 플랫폼들은 중립적이지 않다. 그들이 채우는 데이터 시스템들은 수동적이지 않다. 그들이 매일 살아가는 디지털 인프라는 선택들을 하고 있다 — 누가 접근하는지, 누가 비용을 지는지, 누가 권력을 축적하는지에 대해 — 그리고 그 선택들은 매년 되돌리기가 더 어려워지고 있다.

보이지 않는 것처럼 보이는 인프라는

단지 이미 승리한 인프라이다.

따라서 디지털 세대의 책임은 구체적이다:

> 그들이 살아가는 모든 디지털 시스템에 대해 묻는 것: 이것이 다섯 노드들에 걸쳐 접근을 공정하게 분배하는가, 아니면 하나에 이점을 집중시키는가?

> 그들 자신의 전문적·창조적 작업에서 저항하는 것: 구조적 공정성의 비용으로 속도를 최적화하려는 유혹.

> 그들의 사고와 네트워크에서 준비하는 것: 불공정한 설계가 돌이킬 수 없게 되기 전에 공정한 디지털 설계가 구축될 수 있는 개념적 토대를.

이것은 정치적 강령이 아니다.

그것은 구조적 유지보수이다 — 어떤 설계자든 서 있기를 원하는 어떤 시스템에든 적용하는 것과 동일한 규율.

균형은 스스로를 유지하지 않는다.

그것은 그것의 가치를 인식하는 사람들이
작은 결정들에서, 반복적으로, 그것을 선택하도록 요구한다.

균형의 설계자가 되기 Becoming Architects of Balance

이 책의 제 14 상은 독자에게 균형의 설계자 (Architect of Balance)가
되도록 — 어떤 단일 노드에서의 권력 집중에 맞서고 불균형이 나타날
때 다른 노드들을 강화하도록 요청한다.

그 요청은 지역의 물리적·정치적 설계를 위해 쓰였다.

그것은 동등하게 — 아마도 더 긴급하게 — 그 위에 이제 구축되고 있는
디지털 설계에 적용된다.

디지털 세대는 그들의 선배들이 갖지 못했던 도구들을 가지고 있다.
그들은 집중하기보다 분배하는 플랫폼들을 구축할 수 있다. 그들은
마찰 계수를 증폭시키기보다 내륙 노드들을 위해 줄이는 시스템들을
설계할 수 있다. 그들은 정부들이나 제도들에 의한 번역을 필요로 하지
않고 지역 전반에 걸쳐 판 알타 개념적 어휘를 전달하는 콘텐츠,
체계들, 네트워크들을 만들 수 있다.

가장 지속적인 설계는
구조와 그 위험 모두를 이해하는 사람들에 의해 구축된다.

당신은 둘 다 접근 가능한 첫 번째 세대이다.

구조는 이 책에 설명되어 있다.

위험 부담은 당신이 이미 살고 있는 세계이다.

당신이 그 지식으로 무엇을 구축하는가는
열려 있는 유일한 질문이다.

—◆—

제 14 장 – 균형의 설계

Chapter 14 – The Architecture of Balance

당신은 기술적으로 완전한 통합이 가능한 동북아시아를 물려받은 첫 번째 세대이다. 이전 세대는 물리적 인프라의 부족에 의해 제한되었다. 당신은 오직 당신의 사고의 설계에 의해서만 제한된다.

「판 알타」 사고방식은 「이 땅은 누구의 것인가?」를 묻지 않는다. 그것은 「이 땅은 연속체에 어떻게 기여하는가?」를 묻는다. 당신의 책임은 조상들의 안정성을 파괴했던 「권력 집중」에 맞서는 것이다. 하나의 노드가 너무 지배적이 되는 것을 보면, 다른 네 노드를 강화하는 것이 당신의 의무이다. 이것은 정치가 아니다 — 그것은 지속적인 구조의 유지보수이다.

당신은 균형의 설계자가 되어야 한다.

—◆—

기술적 부록

Technical Appendix

판 알타의 구조적 지표

The Structural Metrics of Pan Alta

신대동아연합의 비전이 현실에 근거를 유지하려면, 현재와 다음 세대는
진전을 측정하기 위한 객관적인 기준들을 가져야 한다. 이러한
지표들은 대륙-해양 연속체의 「활력 신호」 이다:

1. 마찰 계수 The Friction Coefficient

내륙 시민 (몽골)이 글로벌 대양에 도달하는 데 걸리는 시간과 비용을
해안 시민에 비해 측정한다. 성공은 이 격차의 감소로 정의된다.

2. 세대적 문해율 The Generational Literacy Rate

다섯 노드 모두의 얼마나 많은 젊은이들이 「구조적 오각형」 과
「대륙-해양 연속체」 를 그들의 주된 지리적 현실로 식별할 수
있는지를 측정한다.

3. 통로 중복 지수 Corridor Redundancy Index

노드들 사이의 실행 가능한 대체 경로들의 수를 측정한다.

어떤 단일 통로도 불가결해지지 않을 때 안정성이 증가한다.

4. 에너지 상호의존 비율 Energy Interdependence Ratio

최종 소비 전에 적어도 하나의 추가 노드를 건너는 지역 에너지의
비율을 측정한다.

상호의존은 일방적 레버리지를 줄인다.

5. 거버넌스 마찰 지수 Governance Friction Index

무역, 인프라, 또는 통과에 영향을 미치는 국경을 초월한 분쟁들을
해결하는 데 필요한 평균 시간을 측정한다.

더 낮은 해결 시간은 더 높은 구조적 성숙도를 나타낸다.

지표들은 행동을 집행하지 않는다.

그것들은 불균형이 악화되기 전에 드러낸다.

—◆—

지역 현황 분석

Regional Snapshot

오늘날 각 노드의 현황

Where Each Node Stands Today

현재의 구조적 읽기 A Structural Reading of the Present

이 섹션은 정치적 논평을 제공하지 않는다.

그것은 구조적 읽기를 제공한다 — 정치적 판단이 아닌 관찰 가능한 조건들에 기반하여, 다섯 노드 각각이 신대동아연합 체계와 관련하여 현재 어디에 있는지에 대한 간략한 평가.

목적은 실용적이다.

디지털 세대는 추상적인 비전이 아니라 구체적인 지역 현실을 물려받는다. 각 노드가 현재 어디에 있는지 — 그 구조적 강점, 구조적 격차, 그리고 가장 즉각적인 도전 — 를 이해하는 것이 실제로 어떤 준비가 필요한지를 인식하는 첫 번째 단계이다.

목적지만 보여주는 지도는

현재 위치도 표시하는 지도보다 덜 유용하다.

이 스냅샷들은 의도적으로 간결하다. 그것들은 결론이 아닌 관찰의 출발점이다. 각 세대는 조건들이 변함에 따라 그것들을 업데이트해야 한다.

노드 1: 몽골 — 활용되지 않은 닻 Node 1: Mongolia — The Underleveraged Anchor

오각형 내 몽골의 구조적 위치는 그것의 현재 통합에 반비례한다.

그것의 지리적 중심성 — 대륙-해양 연속체가 순진히 해양 중심적이 되는 것을 방지하는 대륙의 닻으로서 — 은 그 중심성을 활성화하는 데 필요한 인프라의 구조적 격차와 일치한다. 철도 연결성은 제한적으로 남아 있다. 디지털 인프라는 나머지 네 노드에 비해 현저히 뒤처진다. 에너지 수출 역량은, 광대한 재생 가능 잠재력에도 불구하고, 아직 지역 규모에서 개발되지 않았다.

몽골이 풍부하게 보유하고 있는 것은 구조적 참여로 아직 전환되지 않은 구조적 자산 가치이다.

희토류 광물 매장량은 나머지 지역이 의존하는 디지털 경제에 점점 더 중요해지고 있다. 재생 가능 에너지 잠재력 — 태양열과 풍력 — 은 다가오는 에너지 전환에서 오각형의 자연적 배터리로 그것을 위치시킨다. 그것의 토지 면적은 다른 어떤 노드도 제공할 수 없는 통과 통로들을 위한 공간적 기반을 제공한다.

구조적 도전은 역량이 아니다. 그것은 연결성이다.

오늘날 몽골은 높은 잠재력과 낮은 활성화의 노드이다. 이 격차를 좁히는 인프라 — 철도에서, 에너지 전송에서, 디지털 연결성에서 — 를 구축하는 세대는 어떤 정치적 합의도 달성할 수 없는 것보다 오각형을 안정화하는 데 더 많은 것을 한 것이다.

도달할 수 없는 닻은

안정성을 제공하지 않는다.

노드 2: 중국 동북부 — 불안한 심장부 Node 2: Northeast China — The Restless Heartland

중국 동북부 — 지린, 헤이룽장, 랴오닝 성들 — 는 오각형에서 가장 구조적으로 역설적인 노드이다.

그것은 다른 어떤 대륙 노드도 맞출 수 없는 산업 규모, 농업적 깊이, 공학적 역량을 보유한다. 그러나 지난 30년 동안의 그것의 궤적은 중국의 더 넓은 발전 이야기 내에서 상대적 경제 쇠퇴의 이야기였다 — 해양 무역에 더 잘 위치한 해안 성들로 투자, 인재, 기회가 이주하면서.

이 내부 이주 패턴은 그 자체로 구조적 신호이다. 노드의 가장 생산적인 세대가 떠날 때, 노드는 더 넓은 시스템으로의 그것의 현재 통합의 적절성에 대해 무언가를 소통하고 있는 것이다. 중국 동북부는 실패하고 있는 것이 아니다 — 그것은 정합이 어긋나 있다. 그것의 산업적 강점들은 열린 지역 경제가 아닌 닫힌 대륙 경제를 위해 조정되어 있다.

두만강 통로는 가장 즉각적인 구조적 기회를 나타낸다: 세 노드가 공유하는 관문을 통한 해양 무역으로의 직접 접근. 그 통로가 활성화되면, 중국 동북부의 대륙 봉쇄 압박이 해소된다. 그것이 활용되지 않은 채로 남으면, 성들은 느린 구조적 표류를 계속한다.

디지털 세대에게, 중국 동북부는 구조적 개입이 가장 높은 잠재적 수익 — 그리고 지속적 무행동의 가장 높은 비용 — 을 가진 노드이다.

바다에 도달할 수 없는 심장부는

부를 안쪽으로 펌핑하지, 바깥쪽이 아니라.

노드 3: 극동 러시아 — 열리는 변경 Node 3: Far East Russia — The Opening Frontier

극동 러시아는 현재 기간에 가장 결정적인 구조적 변환을 겪고 있는 노드이다.

북극이 열리고 있다. 이것은 미래의 가능성이 아니다 — 매년 가속화되고 있는 현재의 현실이다. 북방 해로는 이미 연중 증가하는 기간 동안 운영되고 있으며, 한때 지리적 극단이었던 것을 기존 남방 항로들에 비해 현저히 단축된 거리로 대서양과 태평양을 연결하는 잠재적 통과 통로로 전환하고 있다.

극동 러시아는 이 변환의 중심에 위치한다. 그것의 항구 도시들 — 블라디보스토크, 나호드카, 마가단 — 은 단일 행위자 포획이 일어나기 전에 그것들을 공정하게 관리하는 제도적 체계들이 구축될 수 있다면 글로벌적으로 중요한 지역 관문들이 될 위치에 있다.

구조적 위험은 타이밍이다. 인프라와 의존성은 북극 개방의 혜택들이 하나의 외부 관계에 집중되기보다 다섯 노드 전반에 걸쳐 분배되도록 보장하는 데 필요한 지역 체계적 틀들보다 더 빠르게 발전하고 있다.

디지털 세대는 여기서 구체적인 도전에 직면한다: 극동 러시아는 다른 네 노드를 연결하는 디지털 네트워크에 가장 덜 통합된 노드이다. 그것의 구조적 변환은 물리적 층 — 해운 항로와 에너지 파이프라인에서 — 에서 일어나고 있는 반면, 그것의 디지털 층은 여전히 개발이 부족하다. 물리적 인프라 이후가 아닌 그것과 함께 디지털 연결성을 구축하는 것이 이 노드가 가장 긴급하게 필요로 하는 준비이다.

하나에 의해 관리되는 관문은

관문이 아니다.

그것은 통행료이다.

노드 4: 한반도 — 균열된 교환대 Node 4: The Korean Peninsula — The Fractured Switchboard

한반도는 동시에 오각형에서 가장 디지털적으로 발전하고 가장 구조적으로 균열된 노드이다.

대한민국의 디지털 경제는 세계에서 가장 정교한 것 중 하나이다. 그것의 반도체 산업, 플랫폼 개발 역량, 문화적 디지털 수출, 인프라 밀도는 그것을 지역의 기술적 프론티어에 위치시킨다. 그것은 이미 사실상의 인터페이스 노드로 기능한다 — 그것의 공식적인 정치적 상황이 완전히 반영하지 않는 방식으로 상업, 문화, 기술을 통해 대륙과 해양 시스템들을 연결하면서.

북한은 전체 체계에서 가장 날카로운 구조적 부재를 나타낸다. 대륙-해양 연속체의 지리적 중심에 있는 영토와 인구가 지역 디지털 경제에 아무것도 기여하지 않고 받지도 않는 것은 단순한 인도주의적 우려가 아니다. 그것은 지속되는 매일 다른 모든 노드에 비용을 주는 구조적 비효율성이다. 오각형 중심의 교환대는 절반의 역량으로 운영되고 있다 — 그리고 없는 절반이 정확히 대륙 내부를 해양 외부에 가장 직접적으로 연결할 절반이다.

반도의 구조적 중립성 — 기울어진 다리가 아닌 마찰 없는 도관으로 기능할 역량 — 은 동북아시아에서 가장 결정적인 미해결 구조적 질문으로 남아 있다.

디지털 세대에게, 반도는 지역의 가장 큰 구조적 병목 지점과 가장 큰 구조적 기회 모두를 제시한다. 여기서 변하는 것이 전체 설계를 변화시킨다.

교환대가 균열될 때,

시스템의 모든 연결은

더 높은 비용을 진다.

노드 5: 일본 — 정교한 인터페이스 Node 5: Japan — The Sophisticated Interface

일본은 오각형에서 가장 구조적으로 성숙한 노드이다 — 그리고 가장 결정적인 내부 구조적 도전에 직면한 노드이다.

그 기술적 정교함, 해양 설계, 금융적 깊이, 글로벌 통합은 현재 다른 어떤 노드도 보유하지 못하는 역량을 제공한다. 판 알타 내부와 글로벌 태평양 시스템 사이의 인터페이스로서, 일본의 구조적 역할은 근·중기적으로 대체 불가능하다. 다른 어떤 노드도 일본이 제공하는 환기 기능 — 정교한 해양 인프라가 가능하게 하는 효율성과

신뢰성으로 대륙 질량을 글로벌 무역 흐름에 연결하는 기능 — 을
수행할 수 없다.

내부 도전은 인구통계적이다. 일본의 인구는 다른 어떤 선진 경제도
아직 성공적으로 헤쳐나가지 못한 속도로 감소하고 고령화되고 있다.
이 인구통계적 현실은 단순한 국내 우려가 아니다 — 그것은 현재
수준의 정교함과 참여를 유지하는 노드의 장기적 역량에 대한 구조적
신호이다. 생산적 인구를 유지할 수 없는 노드는 다른 어떤 노드와도
동일한 구조적 위험에 직면한다: 오각형이 내부에서 약해진다.

따라서 현재 기간의 일본의 구조적 책임은 이중적이다. 그것의
인구통계적 역량이 허용하는 한 오랫동안 그것의 인터페이스 기능을
유지하고 심화하는 것. 그리고 그것의 기술적 기여들이 결국 그것의
물리적 역량을 제한할 인구통계적 제약들보다 오래 살아남을 수 있도록
하는 지역 디지털 설계에 투자하는 것.

가장 정교한 노드는

그것의 정교함이 전체에 봉사하도록 보장하는

가장 큰 책임을 진다.

스냅샷을 시스템으로 읽기 Reading the Snapshot as a System

함께 취해보면, 이 다섯 스냅샷들은 준비를 위해 구조적으로
준비되었지만 — 아직 통합을 위해 준비되지 않은 지역을 드러낸다.

몽골의 잠재력은 활용되지 않는다. 중국 동북부는 정합이 어긋나 있다.
극동 러시아는 그것의 거버넌스 체계들이 관리할 수 있는 것보다 더
빠르게 변환되고 있다. 한반도는 그것의 구조적 중심에서 균열되어
있다. 일본은 정교하지만 인구통계적으로 제한되어 있다.

이러한 조건들 중 어느 것도 영구적이지 않다. 모두 다루어질 수 있다
— 정치적 의지만이 아닌, 이 책이 설명하는 지속된 준비로.

오늘의 스냅샷은 내일의 예측이 아니다.
그것은 준비가 시작되는 출발점이다.

이 조건들을 명확하게 읽고 — 그에 따라 준비하는 — 디지털 세대는
오각형이 안정화될지 표류를 계속할지를 결정할 세대이다.

조건 점검표

Conditions Checklist

현재 세대와 다음 세대를 위한 참고 자료

A Reference for the Current and Next Generation

이 점검표는 계획이 아니다.

그것은 준비상태 테스트이다.

신대동아연합은 이러한 조건들의 대부분이 존재할 때만 실행 가능해진다.

경제적 조건들 Economic Conditions

- 협력이 갈등보다 비용을 더 줄인다
- 공유된 프로젝트들이 모든 참여자들에게 순 가치를 창출한다
- 부 창출은 지속적이며, 착취적이지 않다
- 경제적 이익들이 중앙집권화를 필요로 하지 않는다

왜 이 조건들이 중요한가: *Why these conditions matter:*

경제적 조건들은 다른 모든 것이 기대는 토대이다. 협력이 진정으로 갈등보다 비용이 덜 들 때 — 이론이 아닌 측정 가능한 거래 조건으로 — 참여자들은 요청받지 않고도 조정을 선택한다. 공유된 프로젝트들이 모든 노드들에게 순 가치를 창출할 때, 체계에서 이탈할 인센티브가 사라진다. 여기서 중요한 단어는 「지속적」 이다. 착취적 부 창출은 한 노드를 위한 단기적 이익을 생산하면서 다음 성장 주기를 가능하게

하는 조건들을 조용히 고갈시킬 수 있다. 착취 위에 구축된 지역 체계는
자신의 미래를 저당 잡히는 것이다.

부재 시 모습: *What absence looks like:*

경제적 조건들이 없을 때, 참여자들은 체계에 선택적으로 참여한다 —
유리할 때 취하고, 그렇지 않을 때 철수한다. 결과는 붕괴가 아니라
침식이다: 느리고, 불균등하며, 일단 축적되면 되돌리기 어렵다.

자유 조건들 Freedom Conditions

- 참여는 자발적이고 가역적이다
- 주권은 온전히 유지된다
- 문화적 연속성이 보호된다
- 혁신이 강압에 의해 제약받지 않는다

왜 이 조건들이 중요한가: *Why these conditions matter:*

자유 조건들은 그렇지 않으면 경제적 체계에 대한 이상주의적
추가사항이 아니다. 그것들은 구조적 요구사항들이다. 자발적이고
가역적인 참여는 체계가 시간이 지남에 따라 정당성을 유지하도록
보장한다 — 왜냐하면 빠져나갈 수 없는 것은 신뢰받을 수 없기
때문이다. 주권이 온전히 유지된다는 것은 어떤 노드도 체계의
모멘텀에 그것의 근본적인 의사결정 역량을 종속시킬 것을 요구받지
않는다는 것을 의미한다. 문화적 연속성이 보호된다는 것은 통합이
느린 형태의 지우기가 되지 않는다는 것을 의미한다. 강압에 의해

제약받지 않는 혁신은 지역의 적응 역량 — 그것의 가장 중요한 장기 자산 — 이 살아 있다는 것을 의미한다.

부재 시 모습: *What absence looks like:*

자유 조건들이 없을 때, 참여는 공연이 된다. 노드들은 공식적으로 체계 안에 남아 있으면서 진정한 참여를 철수한다. 정당성은 제도들이 그것을 보상할 수 있는 것보다 더 빠르게 침식된다.

구조적 조건들 Structural Conditions

- 조정 비용들이 집행 비용들보다 낮다
- 공정성이 시스템 설계에 내재된다
- 불일치가 자동으로 확대되지 않는다
- 탈출이 처벌 없이 가능하다

왜 이 조건들이 중요한가: *Why these conditions matter:*

구조적 조건들은 체계 자체의 운영 논리이다. 조정 비용들이 집행 비용들 이하로 떨어질 때, 공정성은 도덕적 열망이 아닌 경제적으로 합리적이 된다 — 그것이 지역 규모에서 유지될 수 있는 유일한 근거. 공정성이 정책 층으로 추가되는 것이 아닌 시스템 설계에 내재될 때, 그것은 기능하기 위해 어떤 단일 행위자의 선의에 의존하지 않는다. 자동으로 확대되지 않는 불일치는 성숙한 시스템의 신호이다 — 부재에 의존하는 것이 아닌 그것의 설계에 마찰 관리를 구축한 시스템. 처벌 없는 탈출은 아마도 모든 구조적 조건들 중 가장 중요한 것이다: 이탈을 처벌하는 체계는 정당성을 강압으로 대체한 체계이다.

구조적 조건들이 없을 때, 체계는 유리한 상황에서만 기능한다. 노드들 사이의 첫 번째 심각한 불일치는 그것을 억제하는 데 필요한 메커니즘들의 부재를 드러낸다 — 그리고 조정으로 제시되었던 것이 취약한 의존성으로 스스로를 드러낸다.

제도적 조건들 Institutional Conditions

- 제도들이 권위가 아닌 기능에 봉사한다
- 규칙들이 예측 가능하고 투명한다
- 정당성이 집행에 선행한다
- 적응성이 보존된다

왜 이 조건들이 중요한가: Why these conditions matter:

제도들은 체계의 기억이다. 그들은 지도력 변화, 정치적 조건의 변화, 그리고 세대의 자연적 교체에 걸쳐 합의들을 전달한다. 그러나 기능이 아닌 권위에 봉사하는 제도들은 그들이 가능하게 하도록 창출된 협력에 장애물이 된다. 예측 가능하고 투명한 규칙들은 모든 노드를 위한 참여 비용을 낮춘다 — 왜냐하면 불확실성은 그 자체로 마찰의 한 형태이기 때문이다. 집행에 선행하는 정당성은 규칙들이 위반이 처벌을 수반하기 때문이 아니라 공정하다고 보여지기 때문에 따른다는 것을 의미한다. 보존된 적응성은 체계가 더 이상 그것이 관리하는 현실에 맞지 않는 구조로 굳어지기보다 변화하는 조건들과 함께 발전할 수 있다는 것을 의미한다.

제도적 조건들이 없을 때, 체계는 세대를 초월한 연속성을 잃는다. 한 세대가 공유된 이해로 구축한 것을, 다음 세대는 맥락 없는 의무로 물려받는다 — 그리고 맥락 없는 의무는 조건이 변할 때 가장 먼저 버려진다.

세대적 조건들 Generational Conditions

- 지식이 세대들을 초월하여 이전된다
- 장기적 위험들이 인정된다
- 단기적 이익들이 미래를 저당 잡지 않는다
- 준비가 긴급함보다 가치 있게 여겨진다

왜 이 조건들이 중요한가: Why these conditions matter:

세대적 조건들은 이 점검표에서 가장 긴 지평선 요구사항들이다 — 따라서 가장 자주 소홀히 되는. 세대들을 초월하여 이전된 지식은 준비의 개념적 작업이 새로운 코호트가 책임을 물려받을 때마다 처음부터 반복될 필요가 없다는 것을 의미한다. 인정된 장기적 위험들은 체계가 아직 발생하지 않은 시나리오들에 대해 스트레스 테스트를 받는다는 것을 의미한다. 현재 존재하는 조건들에 대해서만 최적화되는 것이 아니라. 미래를 저당 잡지 않는 단기적 이익들은 체계가 장기적 구조적 자산들을 즉각적인 정치적 수익으로 전환하려는 영구적 유혹에 저항한다는 것을 의미한다. 긴급함보다 가치 있게 여겨지는 준비는 이 전체 책의 철학을 가장 직접적으로 반영하는 단일 조건이다.

부재 시 모습: *What absence looks like:*

세대적 조건들이 없을 때, 체계는 세대적으로 얕아진다 — 그것을
구축한 사람들의 손에서는 강력하지만, 왜 그것이 구축되었는지
이해하지 못하고 물려받은 사람들에게는 무관련한다. 전달될 수 없는
비전은 그것의 저자들과 함께 끝나는 비전이다.

최종 테스트 Final Test

이러한 조건들이 없다면,
통일을 진전시키지 마십시오.

이러한 조건들이 있다면,
통일은 자연스럽게 나타날 수 있다.

조건들은 결정들이 이루어지기 훨씬 전에 결과들을 결정한다.

이 점검표 사용에 대한 디지털 세대를 위한 메모 A Note for the Digital Generation on Using This Checklist

이 점검표는 채점 시스템이 아니다.
이는 구조적 거울이다.

디지털 세대는 동북아시아 역사에서 이 조건들을 거의 실시간으로
모니터링할 도구들을 가진 첫 번째 세대이다 — 데이터를 통해, 플랫폼
투명성을 통해, 그들이 이미 살아가는 분산된 네트워크들을 통해.
그들은 정부들이 준비상태를 평가하기를 기다릴 필요가 없다. 그들은
이 조건들을 스스로 관찰하고, 측정하고, 논의할 수 있다 — 그들이
이미 다른 모든 것을 교환하는 동일한 디지털 공간들에서.

점검표는 공유된 언어가 될 때 가장 강력한다 — 노드들을 초월하여,
국경들을 초월하여, 그리고 세대들을 초월하여 동시에 동일한 질문들을
묻기 위해 사용되는.

한 세대가 준비상태가 어떤 모습인지에 동의할 수 있을 때, 권력을 가진
사람들이 준비상태를 조기에 주장하거나 — 또는 그것을 무기한
부정하는 것이 더 어려워진다.

조건들은 스스로를 알리지 않는다.

그것들은 읽혀야 한다.

책의 마무리 Book Closure

신대동아연합은 토론을 닫지 않는다.
그것은 시간의 지평을 연다.

준비는

역사를 덜 폭력적으로 만드는 조용한 작업이다.

—◆—

신대동아연합은 토론을 닫지 않는다.

미래 세대를 위한 질문들

Questions for Future Generations

이 질문들에 대한 메모 A Note on These Questions

이 책은 정의들, 체계들, 그리고 구조적 분석을 제공했다.

그것은 준비적 작업을 다른 무언가로 닫는다.

질문들.

수사학적 질문들이 아니다 — 이미 그 답을 담고 있는 질문들. 그러나 진정한 열린 질문들: 이 책이 답할 수 없고, 어떤 단일 세대도 답할 수 없으며, 수십 년에 걸쳐 지속된 집단적 지성을 필요로 하는 것들.

그것들은 해결되어야 할 문제들이 아닌 짊어져야 할 책임들로 여기에 제공된다.

어떤 질문들이 중요한지 아는 세대는

그렇지 않은 세대보다 이미 더 잘 준비되어 있다.

이 질문들은 현재와 미래의 디지털 세대에게 속한다 — 그들이 그것들에 직면하는 유일한 사람들이기 때문이 아니라, 그것들에 답하기 시작하는 도구들이 실제로 존재하는 첫 번째 사람들이기 때문이다.

공정성에 대하여 On Fairness

조정은 언제 강압이 되는가? When does coordination become coercion?

자발적으로 시작하는 모든 체계는 시간이 지남에 따라 떠나기에 너무
비싼 구조가 될 잠재력을 가지고 있다. 신대동아연합이 구축하려는
상호의존이 상호 이익에서 상호 의존성으로 선을 넘는 지점은 어디인가
— 그리고 체계를 물려받는 세대는 그 선이 넘어지기 전에 어떻게
인식할 것인가?

*이 규모의 시스템이 정당성을 유지하기 위해 필요로 하는
공정성의 최소 설계는 무엇인가?*

*규모와 권력이 크게 다른 노드들 사이의 공정성은 구조적으로
달성 가능한가 — 아니면 규모 비대칭은 의도에 관계없이
불가피하게 착취를 낳는가?*

부에 대하여 On Wealth

이 지역이 실제로 무엇을 향해 부를 구축하고 있는가? What kind of wealth is the region actually building toward?

디지털 경제는 무형적이고, 이동 가능하며, 설계에 의해 불균등하게
분배된 부를 창출한다. 플랫폼 경제들은 중심에서 수익을 집중하고
주변부에 비용을 분배한다 — 판 알타 체계가 물리적 형태로
수정하려는 것과 동일한 구조적 비대칭을 디지털 형태로 재현하면서.

공정성 위에 구축된 지역 체계가 집중 위에 구축된 디지털 경제와 공존할 수 있는가? 그렇지 않다면, 어느 것이 변하는가?

공유된 인프라가 공유된 의존성이 되는 지점은 어디인가 — 그리고 주권 국가들의 지역이 다르게 선택하기에 너무 늦기 전에 어떻게 둘을 구별하는가?

자유에 대하여 On Freedom

다음 세대는 조정이 너무 멀리 갔을 때를 어떻게 알겠는가? How will the next generation know when coordination has gone too far?

신대동아연합은 고립에서 오는 구조적 취약성을 줄임으로써 자유를 확장하도록 설계되었다. 그러나 모든 조정 메커니즘은 또한 새로운 제약을 만든다 — 참여자들이 단독으로 할 수 있는 것, 얼마나 빠르게 방향을 바꿀 수 있는지, 실제로 이탈이 얼마나 비용을 요구하는지에 대해.

자유를 보호하기 위해 구축된 체계가 그것을 조용히 침식하기 시작한다는 조기 경보 신호들은 무엇인가?

그리고 그 신호들을 읽는 책임은 누구에게 있는가 — 정부들, 제도들, 아니면 그들의 일상적 선택들이 체계의 실제 운영 현실을 구성하는 평범한 사람들인가?

권력에 대하여 On Power

동북아시아의 구조적 역사를 가진 지역이 그것을 집행할 지배적인 권력 없이 균형을 유지할 수 있는가? Can a region with the structural history of Northeast Asia sustain balance without a dominant power to enforce it?

지역의 상대적 안정의 모든 역사적 기간은 질서를 강요하는 지배적 권력 또는 일시적 정합을 만드는 외부 위협 중 하나를 포함했다. 신대동아연합은 세 번째 가능성을 제안한다: 지배보다는 공정성을 통해 유지되는 균형. 그러나 이것은 이 지역에서 이 규모에서 명확한 역사적 선례가 없다.

현재 순간을 동일한 희망이 존재했던 모든 이전 순간과 진정으로 다르게 만드는 것은 무엇인가 — 그리고 다음 세대는 그 차이가 현실인지 아니면 영속성으로 착각된 또 다른 일시적 조건인지를 어떻게 알겠는가?

기술에 대하여 On Technology

누가 지역의 디지털 인프라를 관리하는가 — 그리고 어떤 정당성으로? Who governs the digital infrastructure of the region — and by what legitimacy?

다섯 노드들 전반에 걸쳐 경제적 삶을 점점 더 형성할 플랫폼들, 데이터 시스템들, 그리고 인공지능 설계들은 지금 구축되고 있다 — 대부분 지역 균형에 의해 정의되지 않는 이익들을 가진 행위자들에 의해. 이 시스템들을 물려받는 세대는 그것들의 역량만이 아니라 누가 접근할 자격이 있는지, 누가 비용을 지는지, 누가 권력을 축적하는지에 대한 그것들의 내재된 가정들도 물려받을 것이다.

이미 다른 가치들 주변에 구축된 디지털 인프라에 공정성을
개선하는 것이 가능한가? 아니면 공정한 디지털 설계가 구축의
순간에 존재하는 것을 필요로 하는가?

그리고 후자라면 — 그 순간이 이미 지나가고 있는가?

세대에 대하여 On Generations

비전은 그것을 만든 세대를 어떻게 살아남는가? How does a vision survive the generation that created it?

신대동아연합은 다음 세대를 위해 한 세대에 의해 쓰였다. 그러나
저자들보다 오래 사는 모든 비전은 그것을 물려받는 사람들에 의해
해석되고, 적응되고, 때로는 왜곡된다. 이 책의 고정된 정의들은 그
전환에 걸쳐 의미를 고정시키려는 시도이다 — 그러나 정의들은
스스로를 집행할 수 없다.

다음 세대는 그들이 서 있는 개념적 토대를 준비한 세대에게
무엇을 빚지는가? 그리고 그것은 자신을 위해 아직 말할 수 없는
그 이후 세대에게 무엇을 빚지는가?

준비는 선물인가 — 아니면 의무인가? 그리고 그것이 의무라면,
그것은 누구에게 빚진 것이며, 그 빚은 어떻게 갚아지는가?

통일에 대하여 On Unity

동북아시아에서 진정한 통일은 실제로 어떤 느낌일까 — 그리고 그것이 도래한다면 누군가가 그것을 인식할 것인가? What would genuine unity in Northeast Asia actually feel like — and would anyone recognize it if it arrived?

신대동아연합은 의도적으로 통일을 종점으로 정의하는 것을 피한다. 그것은 통일을 창발적 조건으로 취급한다 — 그것을 위한 구조적 조건들이 존재할 때 나타나는 것, 선언되거나 단일한 행위를 통해 달성되는 것이 아닌.

그러나 인식 없는 창발은 보이지 않는다.

현재와 미래의 세대는 지역이 준비에서 더 많은 무언가를 향해 이동했을 때를 어떻게 알겠는가? 그리고 그들은 어떻게 일시적 정합을 그들이 준비하고 있던 지속적 구조로 착각하는 것을 피할 것인가?

이 질문들에 대한 마무리 메모 A Final Note on These Questions

이 질문들은 장애물이 아니다.

그것들은 작업이다.

그것들을 답할 수 없다고 무시하는 세대는 준비가 무엇을 의미하는지 오해한 것이다. 그것들을 이미 답해졌다고 취급하는 세대는 이 책이 무엇을 위한 것인지 오해한 것이다.

이런 종류의 질문들은 해결되지 않는다.

그것들은 조심스럽게, 시간을 초월하여 짊어진다,

그것들이 왜 중요한지를 이해하는 사람들에 의해.

이 책은 답들로 끝나지 않는다.

그것은 물을 가치가 있는 질문들로 끝난다.

다음에 오는 것은

그것들을 기꺼이 묻는 사람들에게 속한다.

—◆—

실패의 원인

What Could Cause Failure

신대동아연합은 붕괴에 면역이 없다.

다음과 같다면 실패할 수 있다:

- 하나의 노드가 새로운 지배를 추구한다
- 외부 강대국들이 구조적 불균형을 착취한다
- 부채 구조는 숨겨진 의존성을 만든다
- 인구통계 감소가 단편화를 가속화한다
- 기술이 분배하는 대신 권력을 집중시킨다

설계는 유지보수가 멈출 때 실패한다.
어떤 설계도 경각심 없이 살아남지 못한다.

균형은 자기 집행적이지 않다.
공정성은 자기 지속적이지 않다.

불균형의 비용은 천천히 증가한다 —
수정이 파괴적이 될 때까지.

신대동아연합은 지속적인 재조정을 필요로 한다.

디지털 실패 시나리오 The Digital Failure Scenario

위에서 설명된 물리적·정치적 실패 시나리오들은 역사에 익숙하다.

새로운 범주의 실패는 역사적 선례가 없다 — 왜냐하면 그것을
가능하게 하는 인프라가 이전 시대들에는 존재하지 않았기 때문이다.

디지털 설계는 신대동아연합이 수정하도록 설계된 구조적 문제들을
재현할 수 있다 —
이전 어떤 형태의 권력 집중보다 더 빠르게, 그리고 덜 눈에 띄게.

플랫폼 독점화는 가장 즉각적인 디지털 위험이다.

단일 플랫폼이 지역 상업, 소통, 또는 정보가 흐르는 주된 채널을
통제할 때, 그것은 역사적 관문 통제를 정치적으로 다툼이 가능하게
만들었던 물리적 가시성 없이 관문 통제자의 구조적 레버리지를
획득한다. 착취적인 수수료를 부과하는 항구는 보인다. 알고리즘
설계를 통해 내륙 노드 판매자들을 낮은 우선순위로 만드는 플랫폼은
그렇지 않다.

효과는 동일하다. 책임은 훨씬 낮다.

디지털 감시 설계는 두 번째 구조적 위험을 제시한다. 하나의 노드가
다른 노드들의 디지털 상호작용에 걸쳐 모니터링 인프라를 배치할 때
— 플랫폼 지배, 하드웨어 의존성, 또는 데이터 수집 협정을 통해 —
그것은 직접적으로 구조적 권력으로 전환되는 정보 비대칭을 획득한다.
이것은 가상의 이야기가 아니다. 그것은 기존 정치적 체계들이 대처할
준비가 되지 않은 형태들로 이미 동북아시아 전반에 걸쳐 일어나고
있다.

인공지능 집중은 세 번째이자 가장 장기적인 디지털 위험을 제시한다.
지역의 기초 인공지능 인프라를 통제하는 국가들과 기업들은 수십 년
동안 그것의 경제적 설계를 형성할 것이다. 그 통제가 하나의 노드 —
또는 지역 균형에 구조적 이해관계가 없는 외부 행위자 — 에
집중된다면, 구조적 오각형의 비용 분배 모델은 무관련해진다. 권력은
체계가 다루는 층 아래의 층에서 이미 포획되었을 것이다.

가장 큰 구조적 위협들은

정치적 가시성 수준 이하에서 작동하는 것들이다.

신대동아연합은 그것이 이해하지 못하는 디지털 인프라 위에 건설될 수
없다. 현재와 미래의 세대는 그것 아래의 디지털 층이 지역 균형에
이익이 정합되지 않은 사람들에 의해 설계되도록 허용한다면 공정한
지역 설계를 준비할 수 없다.

디지털 층에서의 경각심은

물리적 층을 신경 쓰는 사람들에게 선택 사항이 아니다.

세대적 실패 시나리오 The Generational Failure Scenario

어떤 외부 행위자도 강요할 수 없는 실패 시나리오가 있다.

그것은 오직 선택될 수 있을 뿐이다 — 조용히, 점진적으로, 그리고 인식 없이 — 이 책이 쓰인 세대에 의해.

그것은 이탈의 실패이다.

디지털 세계는 구조적 인식을 생산하지 않으면서 주의를 흡수하는 데 탁월하다. 그것의 시스템들은 — 그 설계에 의해 이익을 얻는 사람들에 의해 의도적으로 — 참여를 극대화하고 성찰을 최소화하도록 설계된다. 스크롤은 무한하다. 알림은 즉각적이다. 보상은 지속적이다.

최대한 참여하고

최소한 인식하는 세대는

역사상 가장 쉽게 지배받는 세대이다.

신대동아연합을 위한 세대적 실패 시나리오는 극적이지 않다. 그것은 전쟁, 붕괴, 또는 의도적인 배신을 포함하지 않는다. 그것은 동북아시아 역사에서 가장 결정적인 구조적 순간에 있었던 세대의 느린 축적을 포함한다 — 그리고 그것을 인식하기에 너무 산만했던.

그들의 지역이 필요로 했던 개념적 설계에 기여하지 않고 소비했던.

그들이 무엇을 구축하고 있는지 생각하지 않고 공유했던.

그들이 형성하고 있던 연결들이 오각형이 필요로 하는 균형에 봉사했는지를 묻지 않고 연결했던.

가장 위험한 실패는 반대가 아니다.

그것은 참여로 위장한 무관심이다.

이 책은 그 실패를 막을 수 없다. 어떤 책도 못한다.

그것이 할 수 있는 것은 그것을 명확하게 명명하는 것이다 — 그것을
읽는 사람들이 나중에 위험 부담을 몰랐다고 주장할 수 없도록.

디지털 세대는 동북아시아의 어떤 이전 세대도 보유하지 못했던 구조적
기회를 물려받았다. 협력의 비용이 떨어졌다. 조정의 도구들이
존재한다. 개념적 체계가 준비되고 있다.

남아 있는 것은 선택이다.

역사는 준비를 위한 모든 조건을 가졌던 세대를
대신 산만함을 선택했다면 용서하지 않는다.
그러나 역사는 동등하게 보상한다 — 조용히, 발표 없이 —
준비가 가능했을 때 준비했던 사람들을,
생각이 유행하지 않았을 때 생각했던 사람들을,
구축이 시기상조처럼 보였을 때 구축했던 사람들을.

이 책은 두 번째 종류를 위해 쓰였다.

— ◆ —

에필로그

Epilogue

문을 열어두며 – 디지털 세대에게 보내는 메모

Leaving the Door Open – A Note to the Digital Generation

이 책은 긴급함 없이 쓰였다.

긴급함은 판단을 좁힌다.

좁아진 판단은 실수를 굳힌다.

신대동아연합은 시간을 압축하기 위해서가 아니라 연장하기 위해 쓰였다.

가장 위험한 결정들은

시간이 적으로 취급될 때 이루어지는 것들이다.

이 책이 남기는 것 What This Book Leaves Behind

이 책은 다음을 남기지 않는다:

- 강령
- 위임
- 즉각적 행동을 위한 청사진

그것은 다음을 남긴다:

- 공유된 참조점
- 안정적인 의미들의 집합
- 준비를 위한 체계

세대들을 초월하여 유용한 것은
가장 크게 홍보된 것이 아닌 경우가 대부분이다.

통일에 대하여 On Unity

통일은 주장될 성취가 아니다.
그것은 출현하는 조건이다.

다음이 충족될 때:

- 협력이 갈등보다 비용이 덜 들고
- 공정성이 마찰을 줄이며
- 자유가 보호된 채로 남을 때

통일은 더 이상 요구될 필요가 없다.

집행되어야 하는 통일은
이미 실패한 것이다.

권력에 대하여 On Power

권력은 계속 존재할 것이다.
경쟁은 계속 존재할 것이다.
불일치는 계속 존재할 것이다.

신대동아연합은 이 현실들을 제거하려 하지 않는다.
그것은 그것들의 비용을 낮추려 한다.

문명은 권력을 제거함으로써가 아니라,
권력이 야기할 수 있는 피해를 줄임으로써 전진한다.

공정성에 대하여 On Fairness

공정성은 완벽함이 아니다.
결과의 평등이 아니다.
도덕적 합의가 아니다.

공정성은 대규모 시스템들이 안정적으로 남기 위해 필요한 최소
설계이다.

공정성이 없을 때,
어떤 양의 강점도 충분하지 않다.

세대에 대하여 On Generations

이 책은 그것의 저자에게 속하지 않는다.

그것은 다음에게 속한다:

- 확실성 없이 준비하는 사람들
- 강압 없이 선택하는 사람들
- 자신이 만들지 않은 조건들을 물려받는 사람들

역사는 책임이 저자 정신을 살아남을 때 전진한다.

열려 있는 것 What Remains Open

신대동아연합은 의도적으로 미완성이다.

그것은 반드시 그렇게 남아야 한다.

각 세대는:

- 그것의 의미를 재해석할 것이다
- 그것의 관련성을 시험할 것이다

- 그것의 유용성을 결정할 것이다

수정될 수 없는 비전은
살아남을 수 없다.

마지막 말 Final Words

이 책이 인용된다면,
명확성을 위해 인용되도록 하십시오.

그것이 토론된다면,
이해를 위해 토론되도록 하십시오.

그것이 무시된다면,
조건들이 변할 때까지 무시되도록 하십시오.

좋은 안내서는
그것을 사용할 준비가 된 사람들을 위해 인내심 있게 기다린다.

이것이 책이 끝나는 곳이다 —
그리고 준비가 시작되는 곳.

—◆—

디지털 세대에게 보내는 메모 A Note to the Digital Generation

이 책은 그 페이지들 전체에 걸쳐 세대들을 초월하여 말해왔다.

그러나 이 마지막 메모는 한 세대에게 특별히 전달된다 — 현재와 미래의 디지털 세대 — 그들이 이전에 온 사람들보다 더 중요하기 때문이 아니라, 이 책이 쓸 가치가 있었는지를 결정할 사람들이기 때문이다.

당신은 이미 연결된 세계에서 태어났다.

당신은 인터넷을 구축하지 않았다. 해저 케이블을 부설하지 않았다. 플랫폼들을 설계하지 않았다. 국경을 초월한 상거래를 외교적 성취가 아닌 일상적인 일로 만든 무역 협정들을 협상하지 않았다.

당신은 그 모든 것을 물려받았다.

그러나 — 정확히 그것을 구축한 것이 아니라 물려받았기 때문에 — 당신은 연결된 지역에 산다는 것이 무엇을 의미하는지의 무게를 완전히 느끼지 못하는 동북아시아 역사상 첫 번째 세대일 수 있다. 당신에게, 연결은 성취가 아니다. 그것은 조건이다. 그것은 당신이 숨쉬는 공기이지, 당신이 오른 벽이 아니다.

투쟁 없이 물려받은 것은

당연시되기 쉽다.

이 책은 당신에게 그것을 당연시하지 말도록 요청한다.

빠른 세계에서의 인내 Patience in a Fast World

지금까지 직접적으로 명명되지 않은 이 책의 핵심에 있는 긴장이 있다.

이 책은 준비에 관한 것이다. 긴 지평선에 관한 것이다. 뉴스 사이클이 아닌 수십 년에 걸쳐 작동하는 구조적 사고에 관한 것이다. 수동성의 증상이 아닌 강점의 한 형태로서의 인내에 관한 것이다.

당신은 정반대를 위해 설계된 세계에 살고 있다.

당신이 살아가는 디지털 세계는 속도에 보상한다. 즉각성에 보상한다. 숙고된 응답보다 날카로운 반응에, 지속적인 아이디어보다 바이럴 순간에, 구조적 통찰보다 참여 지표에 보상한다. 당신이 매일 상호작용하는 모든 시스템은 — 그 최적화로부터 이익을 얻는 사람들에 의해 의도적으로 — 당신의 시간 지평을 단축하고 현재 순간을 강화하도록 최적화되었다.

단축된 시간 지평은 개인적 실패가 아니다.
그것은 당신에게 주어진 세계의 설계적 특성이다.

이 책은 그 설계를 되돌릴 수 없다. 그것은 당신에게 디지털 세계를 포기하거나 그것의 리듬이 당신의 사고를 형성하지 않는 척하도록 요청하지 않는다. 그것은 정직하지도 유용하지도 않을 것이다.

그것이 요청하는 것은 동시에 더 단순하고 더 어렵다.

그것은 당신에게 두 가지 시간 지평을 동시에 붙들도록 요청한다.

즉각적인 것 — 당신이 매일 살고, 일하고, 창조하고, 연결하는 곳.

그리고 긴 것 — 오늘의 구조적 선택들의 결과들이 아직 태어나지 않은
사람들에 의해, 아직 형성되고 있는 지역에서, 지금 이루어지고 있는
결정들에 의해, 종종 그것들의 구조적 중요성에 대한 인식 없이 느껴질
곳.

빠른 세계에 살면서

긴 지평선을 붙드는 능력은

이 순간이 필요로 하는 결정적 역량이다.

그것은 자연스럽지 않는다. 그것은 연습되어야 한다. 그것은 반대
방향으로 당기는 세계의 흐름에 맞서 반복적으로 선택되어야 한다.

그러나 그것은 가능하다.

그리고 당신이 이 단어들을 — 이 지점까지, 이 책에서, 무한한
스크롤과 경쟁하도록 설계된 적이 결코 없는 이 책에서 — 읽고 있다는
사실은 당신이 이미 당신 주변의 세계가 당신에게 인정한 것보다 더
많은 그 역량을 보유하고 있음을 시사한다.

이 책이 당신에게 남기는 것 What This Book Leaves With You

이 책은 지시들로 끝나지 않는다.

그것은 인식으로 끝난다.

150

동북아시아의 미래는 정부들만에 의해, 또는 조약들만에 의해, 또는
아직 일어나지 않은 갈등들의 결과들에 의해 결정되지 않을 것이다.
그것은 — 조용히, 점진적으로, 수십 년에 걸쳐 — 평범한 사람들이
어떻게 연결할지, 무엇을 구축할지, 누구를 신뢰할지, 그리고 그들
다음에 오는 사람들을 위해 어떤 종류의 설계를 남길지에 대해 내리는
선택들에 의해 결정될 것이다.

당신이 그 평범한 사람들이다.

젊고, 디지털적이며, 연결되어 있음에도 불구하고가 아니다.

그것 때문이다.

이 책에서 설명된 구조적 오각형은 영웅을 기다리지 않는다. 그것은
설계자를 기다린다 — 균형은 선언되는 것이 아니라 유지되어야 하며,
공정성은 나중에 추가되는 것이 아니라 체계 안에 구축되어야 하고,
가장 결정적인 작업은 종종 가장 즉각적인 인정을 받지 못한다는 것을
이해하는 사람들을.

역사는 항상 준비가 유산이 되는 순간을 알리지 않는다.
그러나 그것은 항상 준비가 이루어졌는지를 기억한다.

이 책은 당신이 구조를 모른다는 핑계를 댈 수 없도록 쓰였다.

그 안에서 당신이 무엇을 구축하는지 — 그리고 그것에 맞서 구축되는
것을 거부하는 것 — 은 전적으로 당신에게 속한다.

이 책이 여는 문은

당신 뒤에서 닫히지 않는다.

그것은 기다린다.

—◆—

그 안에서 당신이 무엇을 구축하는지 — 그리고 그것에 맞서 구축되는
것을 거부하는 것 — 은 전적으로 당신에게 속한다.

이 책이 여는 문은

저자 소개

About the Author

차경주는 케니 차 (Kenny Cha)로도 알려져 있으며, 1949 년 대한민국에서 태어났다. 서울대학교에서 철학을 전공했으며, 인류 역사 철학에 집중했다. 그는 인간 사회를 형성하는 구조적 힘에 초점을 맞춘 저술가이자 독립적 사상가이다. 그의 작업은 지속 가능한 문명들의 근본적인 설계로서 부, 자유, 그리고 공정성 사이의 관계에 집중한다.

동북아시아 전반에 걸친 수십 년의 국제적 비즈니스 활동과 지역 관찰을 통해, 그는 지리, 규모, 권력 집중, 그리고 경제적 설계가 어떻게 장기적 안정성에 영향을 미치는지를 살펴보았다. 이러한 경험들은 지속 가능한 강점이 지배보다는 구조적 균형에 더 의존한다는 그의 확신을 형성했다.

*신대동아연합*은 이 설계적 관점을 문명적 공간으로서의 동북아시아에 적용한다. 그것은 정치적 프로젝트가 아니라, 지리적 현실, 경제적 논리, 그리고 세대적 책임에 근거한 방향적 체계이다.

— ◆ —

www.ingramcontent.com/pod-product-compliance
Lightning Source LLC
Chambersburg PA
CBHW051438130726
47987CB00005B/2101